PETIT CARNET BIEN-ÊTRE



Diane Ballonad Rolland

# S.O.S. CHARGE MENTALE

## J'allège mon quotidien !

**S'organiser**
**Répartir les tâches**
**Lâcher prise**

LAROUSSE

## À propos de l'auteure

Fondatrice du cabinet Temps & Équilibre, **Diane Ballonad Rolland** est coach professionnelle certifiée, consultante et formatrice en Organisation et Gestion du temps, et anime des ateliers en ligne et en entreprise. Son cœur de métier est d'aider les personnes débordées et stressées par les contraintes de la vie quotidienne à se réapproprier leur temps et à retrouver un équilibre. Auteure de plusieurs ouvrages, elle a fondé les blogs Zen & Organisée et Temps & Équilibre. Retrouvez ses activités sur son site **www.dianeballonadrolland.com**

**Illustrations de l'intérieur** : Clémence Daniel
**Illustration de la couverture** : Anne-Soline Sintès

**Direction de la publication** : Isabelle Jeuge-Maynart et Ghislaine Stora
**Direction éditoriale** : Aurélie Starckmann
**Coordination éditoriale** : Marie Gazagne
**Édition** : Book Sitter
**Conception graphique** : Violette Bénilan
**Adaptation graphique et mise en page** : J²Graph
**Couverture** : Véronique Laporte
**Fabrication** : Ombeline Canaud


ISBN 978-2-03-596630-8

# • SOMMAIRE •

## Où en est ma charge mentale ?



## Je partage les responsabilités du foyer



## J'allège ma charge mentale



## Pour aller plus loin...

# Jongleuses du quotidien

Depuis bientôt dix ans, je côtoie des hommes et des femmes en quête d'équilibre. Au fil du temps, j'ai pu mesurer combien il était difficile pour les femmes en particulier de rester à l'écoute de leurs propres besoins, a fortiori une fois devenues mères. Comme si toute leur force vitale se trouvait dévolue à leur famille ou à leur travail.

## 1 L'amnésie, l'OUBLI DE SOI

Progressivement, sans même s'en rendre compte, les femmes prennent l'habitude d'**ignorer leurs besoins**, au point parfois de ne plus savoir qui elles sont, ce qu'elles aiment vraiment faire ni même ce qu'elles aimaient faire «avant». Se mettre au service de l'autre est devenu la norme. Ces femmes sont **coincées dans cette vie binaire** rythmée par les obligations professionnelles et familiales, ce qui laisse trop peu de place à l'expression de leur individualité.

## 2 Le PORTRAIT des «jongleuses du quotidien»

- Souvent **perfectionnistes** au travail comme à la maison, **exigeantes** avec elles-mêmes et avec les autres, ces femmes travaillent beaucoup, s'investissent dans tout ce qu'elles entreprennent – probablement trop – et se mettent une forte pression.
- Elles ne s'autorisent que rarement à lâcher prise, à demander de l'aide et culpabilisent dès qu'elles sortent du cadre de leurs multiples obligations.
- Elles se sentent globalement **épuisées**, cernées par les contraintes temporelles et éprouvent de plus en plus de difficultés à faire face à un quotidien qui semble les écraser, les transformant progressivement, selon leurs propres termes, en un robot branché sur pilotage automatique.

• Sursollicitées en permanence, elles doivent composer jour après jour avec une impression tenace de toujours **courir après le temps** et de ne jamais parvenir (ou de façon anecdotique) à prendre un peu de temps pour elles, avec un risque souvent négligé de **surmenage**, voire de burn-out.

### MIROIR, MON BEAU MIROIR...

Jusqu'à quel point vous reconnaissez-vous dans ce portrait ? (Ne trichez pas !)

..............................................................

..............................................................

....................................................................

## ③ Changer de PERSPECTIVES

Mon travail consiste, de fil en aiguille, à faire comprendre à ces femmes qu'il est temps pour elles de se replacer au cœur de leurs priorités. Quand j'y parviens, le plus gros du travail est fait. Le reste n'est que logistique et gestion d'agenda.

Se placer de nouveau au cœur de ses priorités naît d'abord d'**une prise de conscience** : c'est reconnaître qu'on a des besoins propres, uniques, différents de ceux des autres mais tout aussi légitimes, et qu'on a probablement, parfois pendant des années, oubliés de satisfaire.

Puis vient enfin **la décision** : celle de se mettre à son écoute pour préserver son équilibre et se rendre de nouveau disponible, pour soi comme pour les autres.

### DANS CE CAHIER...

Vous trouverez des clés pour faire le point sur votre charge mentale et mieux la répartir au sein de votre couple. Vous découvrirez aussi des pistes concrètes pour déconnecter et (re)trouver le chemin de la sérénité. Bonne route !

# Pour ne plus être l'ordinateur familial...

Même en cas de partage parfaitement équitable des tâches dans le couple, la femme reste dans la grande majorité des cas l'ordinateur familial. C'est elle qui porte, le plus souvent, toute la charge mentale de l'organisation. Mais au fait, qu'entend-on par «charge mentale»?

## 1 Petite DÉFINITION

On pourrait résumer la charge mentale à «**devoir penser à tout, tout le temps**»! Monique Haicault a été la première à définir la charge mentale comme «le fait de devoir penser à un autre domaine en plus de celui dans lequel on se trouve physiquement» : vous êtes au travail et vous pensez aux tâches qui vous attendent à la maison le soir, vous êtes chez vous et vous anticipez la réunion du lendemain...

## 2 SURCHARGE cognitive = cerveau en SURCHAUFFE!

- Derrière la notion de charge mentale, il est avant tout question de «charge cognitive», ou, plus exactement, de «surcharge cognitive», de saturation. Qui, en effet, n'a jamais ressenti cette sensation d'avoir **la tête encombrée, saturée** de choses à faire? Entre les to-do lists qui s'accumulent, les tâches à gérer dans l'urgence, les emails, les SMS, les informations à ne surtout pas rater et les notifications en tous genres dont le monde numérique nous inonde... Trop, c'est trop!

- Trop d'informations à traiter à la fois, trop de pensées, de stress, d'images et, souvent, pas assez de sommeil ni de temps de déconnexion pour récupérer... Quand le cerveau est sursollicité, il risque de saturer et, tout comme le disque dur d'un ordinateur trop plein il «rame»! Vous avez littéralement l'impression que votre tête va exploser ou disjoncter... C'est le trop-plein!

## La Charge mentale : un concept qui ne date pas d'hier...

En 1984, la sociologue française **Monique Haicault** décrit le principe de la charge mentale dans un article intitulé *La Gestion ordinaire de la vie en deux*. Elle y explique comment l'esprit d'une femme en couple et qui travaille demeure préoccupé, non seulement par ses exigences professionnelles, mais aussi par les tâches ménagères et la gestion du foyer. Cela lui impose une charge cognitive de chaque instant. Monique Haicault parle alors de «**charge mentale ménagère**».

Dans une étude publiée en 1998, *Thinking about the baby* (Réflexions autour du bébé), la sociologue américaine Susan Walzer révèle que les femmes ont souvent plus de charge mentale, **émotionnelle et intellectuelle**, liée à l'éducation des enfants et à la tenue du foyer.

Même lorsque les tâches domestiques sont équitablement réparties avec le père, ce sont les femmes qui établissent la liste des choses à faire.

## 3 Au four ET au moulin !

La charge mentale finit par épuiser. Ce **poids invisible** qui pèse sur les épaules des femmes est pourtant parfaitement identifié par la très grande majorité d'entre elles. Quand on les interroge, elles sont unanimes : ce n'est pas tant le partage ou le non partage des tâches pesant sur leur quotidien qui finit par les épuiser, mais bien la responsabilité logistique du foyer. C'est le fait **de devoir penser à tout,** tout le temps, sans répit.

Cette charge mentale, que j'appelle aussi «**le syndrome du post-it mental**», touche essentiellement les femmes. Elles cumulent la charge mentale de leur profession à la charge mentale domestique : une parfaite illustration de l'expression «être au four et au moulin»!

### À méditer !

Selon l'INSEE, les femmes prenaient en charge 64 % des tâches domestiques et 71 % des tâches parentales en 2010, contre 69 % et 80 % en 1985.

# Test : j'évalue ma charge mentale

Répondez en toute sincérité à ces questions, puis évaluez le niveau de votre charge mentale page 10.

| *Les sensations types* | *Oui, c'est moi !* | *Non, pas vraiment...* |
|---|---|---|
| 1. *J'ai souvent l'impression que ma tête déborde et va exploser.* | | |
| 2. *Il m'arrive très fréquemment d'oublier ce que je voulais dire.* | | |
| 3. *Je suis régulièrement débordée et je cours après le temps.* | | |
| 4. *J'ai besoin que les choses soient faites parfaitement, à ma manière.* | | |
| 5. *J'ai du mal à me concentrer, j'ai tendance à perdre le fil de ce que je fais.* | | |
| 6. *Je ne peux pas me permettre de tomber malade, je dois être là pour tout assumer.* | | |
| 7. *Ma to-do list est longue comme le bras et j'ai l'impression de ne jamais en venir à bout.* | | |
| 8. *Je me sens très souvent fatiguée, vidée, avec cette sensation de ne plus disposer de mes pleines capacités intellectuelles.* | | |
| 9. *J'ai trop de projets et d'objectifs en tête, j'ai l'impression de partir dans tous les sens et je m'y perds.* | | |
| 10. *J'ai beaucoup de mal à déléguer et à faire confiance.* | | |

| Les sensations types | Oui, c'est moi ! | Non, pas vraiment... |
| --- | --- | --- |
| 11. Je passe d'une information à l'autre et j'ai des difficultés à aller au bout d'une tâche. | | |
| 12. Je me sens dépassée par tout ce que j'ai à faire, je ne sais plus par où commencer. | | |
| 13. J'ai souvent l'impression que ma vie est tissée d'obligations et de contraintes. | | |
| 14. Rares sont les moments où je décompresse réellement. Mon mental ne sait pas déconnecter. D'ailleurs, je ne sais pas comment faire. | | |
| 15. Je suis fatiguée d'avoir toujours quelque chose à faire. Ma to-do list est sans fin. | | |
| 16. J'ai mille idées, mille envies, mille projets à la fois. C'est grisant, mais c'est aussi épuisant. | | |
| 17. Plus j'ai de choses en tête, plus je commets d'erreurs, et plus je mets de temps à accomplir ce que j'ai à faire. | | |
| 18. J'ai parfois le sentiment d'être nulle et de ne plus y arriver. | | |
| 19. Je ne sais même plus ce qui me ferait vraiment envie ou ce dont j'aurais besoin pour me sentir bien. | | |
| 20. Tant de choses reposent sur mes épaules, si bien que je ne peux pas baisser la garde et lâcher prise. | | |
| 21. Je ne m'accorde jamais de pause, j'enchaîne les obligations. | | |

## Résultats du test

Cochez les questions auxquelles vous avez répondu « oui » pour connaître les lettres correspondantes :

| | | | | | | |
|---|---|---|---|---|---|---|
| 1. ☐ : A | 4. ☐ : D | 7. ☐ : C | 10. ☐ : D | 13. ☐ : C | 16. ☐ : A | 19. ☐ : E |
| 2. ☐ : B | 5. ☐ : B | 8. ☐ : B | 11. ☐ : B | 14. ☐ : A | 17. ☐ : B | 20. ☐ : D |
| 3. ☐ : C | 6. ☐ : D | 9. ☐ : A | 12. ☐ : E | 15. ☐ : E | 18. ☐ : E | 21. ☐ : C |

**Vous avez obtenu une majorité de A…**
Votre charge mentale est le fruit d'un cerveau en ébullition, toujours en activité, avec mille idées à la minute, ce qui finit par vous épuiser. En apprenant progressivement à déconnecter votre mental et, peut-être, à revenir simplement à votre ressenti, vous parviendrez à faire redescendre la pression et à retrouver un profond sentiment d'apaisement et de sérénité.

**Vous avez obtenu une majorité de B…**
Votre cerveau fait face à plus d'informations qu'il ne peut en traiter et il se sent dépassé. Vos difficultés de concentration commencent à impacter vos différentes activités. Il est temps d'accorder à votre mental des temps de pause salutaires, et d'apprendre à vous concentrer sur une seule chose à la fois autant que possible.

**Vous avez obtenu une majorité de C…**
Quand les contraintes de toute nature saturent votre agenda sans répit, de janvier à décembre, vous finissez par perdre le goût des choses. Lasse des « Je dois » et « Il faut que », vous perdez progressivement le contact avec ce qui fait le sel de votre vie et donne du sens à vos actions. Le moment est venu d'accorder une vraie place et du temps au plaisir.

**Vous avez obtenu une majorité de D…**
Vous croulez sur les responsabilités et vous ne vous accordez aucun répit. Et si vous posiez vous aussi votre costume de Superwoman et que vous commenciez, par petites touches d'abord, à lâcher un peu de lest, histoire de voir que tout va bien quand vous vous autorisez à baisser la garde et à vous détendre ?

**Vous avez obtenu une majorité de E…**
Votre sentiment d'usure est palpable et doit être pris au sérieux pour que la lassitude et la fatigue qui vous écrasent aujourd'hui ne vous conduisent pas à un épisode d'épuisement. Le moment est venu de vous placer au centre de vos priorités, de vous reconnecter dès que possible à vos besoins et, plus globalement, à tout ce qui est nécessaire à votre équilibre.

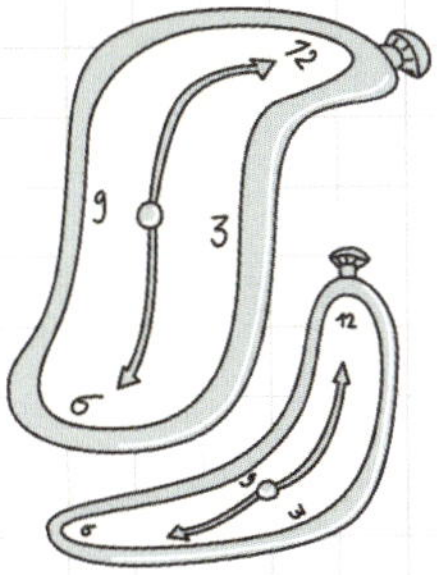

# Une pointe d'organisation

Le temps n'est pas extensible… et pourtant, il faut tout « faire tenir » dans une journée : l'entretien de la maison, les courses, l'éducation des enfants (rendez-vous médical, devoirs, loisirs et temps de partage !). Besoin d'un coup de pouce ? N'attendez pas de miracle : misez sur l'organisation !

## 1 Une BONNE organisation, pour quoi faire ?

Bien s'organiser, au travail comme à la maison, n'est pas une fin en soi. C'est un moyen… de se **simplifier la vie**, de faciliter le quotidien, de mettre de la fluidité dans les journées. C'est votre organisation, celle que vous choisirez de mettre en place, qui devra s'adapter à vos objectifs et à vos contraintes, non le contraire ! Car une bonne organisation sait se faire oublier : trop d'organisation tue l'organisation !

## 2 Une organisation UNIQUE

Évidemment, chaque organisation est unique, puisque chaque foyer l'est. La vôtre devra en effet **s'adapter** à la composition de votre foyer, à vos emplois du temps respectifs, vos contraintes, vos marges de manœuvre, vos moyens financiers, vos priorités et vos objectifs.

C'est pourquoi il est très difficile, voire impossible, de donner des réponses toutes faites en matière d'organisation personnelle et familiale. Il n'existe pas, tant en matière d'organisation qu'en gestion du temps, de recettes miracles ! Dommage…

### EN ROUTE VERS UNE VIE PLUS LÉGÈRE !

L'organisation est une affaire « collective », qui concerne – et implique – chaque membre de la famille. Elle permet de mieux répartir la charge mentale, de la partager dans votre couple et au-delà.

## 3 Une organisation JOYEUSE

Je milite depuis des années pour une conception de l'organisation efficace et viable sur la durée mais, surtout, **respectueuse** de l'écologie de la personne, de ses besoins et de son rythme. Une organisation ***slow***, drôle, créative, pétillante, décomplexée, joyeuse, douce, bienveillante, et résolument positive !

# Je fais l'état des lieux de ~~mon~~ NOTRE organisation à la maison

Procédez à un état des lieux complet de votre organisation à la maison. C'est fastidieux, un peu long, mais essentiel pour envisager une meilleure répartition des tâches et de la charge mentale qui y est associée.

## 1 Où en êtes-vous AUJOURD'HUI ?

Pour le savoir, faites les exercices qui suivent en prenant votre temps, vous constaterez les bénéfices presque immédiatement, grâce à une auto-analyse qui vous conduira vers une ou plusieurs prises de conscience.

L'objectif est de vous amener à **prendre conscience** des habitudes qui vous gouvernent et, quand vous le jugerez nécessaire, à les **remettre en question**. Mais également à **oser imaginer** d'autres façons de faire et d'envisager votre quotidien tout à fait différemment.

### L'ASTUCE DU COACH

Surtout ne vous précipitez pas, prenez le temps de la réflexion, laissez mijoter vos réponses si besoin, et revenez-y pour compléter vos notes chaque fois que vous le jugez nécessaire ! Soyez la plus précise possible.

## ② Où en êtes-vous de VOTRE ORGANISATION à la maison ?

Au fil de ce cahier, vous constaterez que je vous inviterai régulièrement à prendre de la distance par rapport à votre quotidien en vous posant des questions concrètes. Et si vous commenciez par dresser un état des lieux de votre organisation au foyer ?

- Qu'est-ce qui fonctionne bien aujourd'hui dans votre organisation à la maison ? ....................................

....................................................................................................

- Qu'est-ce qui fonctionne moins bien ?

....................................................................................................

- Qu'est-ce qui vous pèse très concrètement ? ..........................

....................................................................................................

- Comment cela vous impacte-t-il, ainsi que votre conjoint, vos enfants si vous en avez ? ..........................

....................................................................................................

- Avez-vous le sentiment d'être débordée à la maison ?

....................................................................................................

- Quels sont les situations, les événements, les comportements qui contribuent à nourrir ce sentiment ?

....................................................................................................

....................................................................................................

- Pourriez-vous d'ores et déjà identifier quelques pistes concrètes qui pourraient vous permettre d'alléger un peu votre quotidien ?

....................................................

- Quelles sont vos attentes concrètes en matière d'organisation à la maison ? Celles de votre conjoint ? Celles de vos enfants s'ils en ont (et ils en ont probablement aussi, vous le découvrirez).

....................................................

### JE PRENDS CONSCIENCE...

- ✓ de ce que je veux, mais surtout de ce dont je ne veux plus !
- ✓ de ce qui doit absolument changer dans l'organisation à la maison (on ne se préoccupe pas encore du « comment »).

## ③ Une organisation ancrée dans la RÉALITÉ DU QUOTIDIEN…

Nous entretenons inconsciemment une **vision** de l'organisation digne des publicités et du cinéma. Vous savez, celle des familles où tout semble facile, où tout le monde sourit et est de bonne humeur («l'ami Ricoré»…). Mais cette vision est-elle réaliste… et est-ce vraiment ce dont vous rêvez? La réponse est non.
Et tant mieux!

### DANS LA VRAIE VIE, NOUS DEVONS COMPOSER AVEC :

- la fatigue
- le manque d'énergie (qui nous conduit, parfois avec raison, à procrastiner)
- le manque de temps (difficile de tout faire en un court week-end!)
- le manque de coopération des autres personnes du foyer
- notre propre perfectionnisme.

## ④ … et SATISFAISANTE, non idéale!

Votre état des lieux en main, il va falloir vous projeter. Vous allez devoir imaginer ce qui pour vous, votre couple et vos enfants constituerait **une organisation satisfaisante**. Une organisation «qui roule», qui fonctionne bien et sur laquelle vous reposer. N'hésitez pas à impliquer votre conjoint, voire vos enfants s'ils sont en âge de donner leur avis sur la question.

### À MÉDITER!

Je parle bien de «satisfaisante» et non d'«idéale», car dans la vraie vie, la perfection n'existe pas et plus nous mettrons de côté nos ambitions de perfection, mieux nous nous porterons!

## JE PASSE À L'ACTION !

- Projetez-vous, seule, en couple ou en famille, en imaginant une organisation à la maison satisfaisante (et non idéale). À quoi ressemble-t-elle ?

- Mesurez l'écart entre votre organisation actuelle et celle que vous visez. Quels sont les domaines concernés en priorité par ces écarts ?

- Que pourra vous apporter (à vous, à votre famille) cette nouvelle organisation ?

# Et si je posais mon costume de Superwoman ?

L'une des premières choses à faire pour alléger sa charge mentale est de poser définitivement son costume de Superwoman et de redevenir une simple « mortelle ». Car non, Superwoman n'existe pas et ça, c'est plutôt une bonne nouvelle !

## 1 Superwoman, SORS de ce corps !

Les femmes sont les premières à se mettre une **pression démesurée** sur les épaules. Et cela avant même que la société, souvent incriminée de véhiculer dans les médias l'image de femmes épanouies sur tous les plans, ne le fasse. En effet, nous n'avons pas besoin de la société pour placer la barre très haute :

- nous avons à cœur d'**être au top** dans tous les rôles qu'on endosse au quotidien, d'être une mère parfaite, une épouse attentionnée, une amante endiablée, une pro au boulot, une as de la gestion et, évidemment, une cuisinière hors pair !

### Accordez-vous aujourd'hui le droit de :

- ne pas toujours y arriver ni être à la hauteur ;
- d'admettre que là, vraiment, vous avez besoin d'un coup de main ;
- ne pas tout savoir (« Ah bon ? ») et de faire des erreurs ;
- craquer de temps en temps, car si pleurer un bon coup permet de fendiller l'épaisse carapace que vous vous êtes constituée au fil des ans et de lâcher enfin prise, il ne faut surtout pas vous en priver.

• nous avons également la fâcheuse habitude de penser que nous sommes capables de tout mener de front et de vouloir faire rentrer deux journées en une. Car nous le savons bien, nous, les femmes pouvons, contrairement à nos chers et tendres, faire deux, voire trois (quatre ?) choses à la fois puisque nous continuons à penser (non sans une pointe de fierté, avouons-le !) que nous sommes… **multitâches**.

➡ Oui, si vous le décidez, vous pouvez accepter sans rougir l'aide d'une amie, déléguer plus souvent à votre conjoint, vos parents, autonomiser et responsabiliser les enfants. Bref, vous pourrez faire confiance à quelqu'un d'autre et accepter vos propres limites. Vous verrez, c'est libérateur et salutaire, pour tous !
Mais allons un peu plus loin…

## ② Je revois mes exigences À LA BAISSE

➡ **Halte au perfectionnisme !** Faites-vous partie de ceux qui se définissent comme perfectionnistes, voire comme « ultra perfectionnistes » ? Rassurez-vous, l'excès de perfectionnisme n'est pas une fatalité et il est possible de le neutraliser. La première étape pour venir à bout de votre quête de perfection est d'avoir conscience de votre tendance à l'être. Puis il s'agit d'être consciente de vos attentes, souvent irréalistes, et de vos exigences, celles que vous vous êtes créées de toutes pièces.

**À MÉDITER !**

Très souvent disproportionnées, les exigences que nous nous imposons maintiennent un haut niveau de stress et de pression.

➡ **Tordez le cou aux exigences disproportionnées.** Vous avez la possibilité d'agir autrement en identifiant consciencieusement les exigences que vous nourrissez à votre égard, généralement depuis des années (grâce aux injonctions de perfection ou de performance intégrées depuis l'enfance). Travaillez sur chacune d'elles en les revoyant progressivement à la baisse, en tous les cas à un niveau « acceptable » pour vous.

## ③ J'accepte de lâcher prise À LA MAISON aussi !

À la maison comme au travail, adoptez sans complexe le CQFAR de Ségolène Finet, fondatrice de mamanana.com : **« Celui qui fait a raison »** !

➧ Lorsque j'anime mon atelier interactif en ligne « On s'organise à la maison », la question épineuse de la répartition des tâches est au cœur des débats. Dans la grande majorité des cas, le partage des tâches est inégal, et ce pour diverses raisons (un conjoint qui s'absente longtemps, des temps de travail inégaux, le choix de rester au foyer, un congé parental, etc.). Mais parmi ces raisons figure également **le besoin de contrôle** de la femme qui peine à lâcher du lest et à faire confiance à son entourage (conjoint et enfants compris). Elle a souvent du mal à « déléguer », parce qu'elle part du principe qu'elle ira plus vite à le faire, qu'ils feront moins bien qu'elle et qu'elle sera « obligée » de repasser derrière. Résultat : une perte de temps et d'énergie pour elle !

➧ Cela se reflète parfaitement dans les termes qu'elle utilise et qui suggèrent d'emblée, y compris à titre inconscient, que l'entretien de la maison fait partie de ses prérogatives : « Non, mais moi, tu sais, j'ai de la chance, car mon conjoint m'aide. » Grave erreur ! Il ne l'« aide » pas, **il participe** à l'entretien de sa maison.

## ET MOI, AI-JE BESOIN, AU TRAVAIL COMME À LA MAISON, QUE TOUT SOIT FAIT À MON IDÉE ?

**1.** Si les tâches domestiques sont un sujet épineux, interrogez-vous sur votre niveau d'exigence et sur celui de votre conjoint :

.....................................................................................

.....................................................................................

.....................................................................................

.....................................................................................

**2.** En matière d'organisation à la maison, déterminez (à deux idéalement) vos propres standards de rangement et de propreté :

.....................................................................................

.....................................................................................

.....................................................................................

.....................................................................................

**3.** Définissez le seuil de ce qui est acceptable et tolérable pour vous et votre conjoint. Ces seuils vous sont propres et vous donneront des repères pour maintenir un foyer (à peu près) en ordre, selon vous, et pour vous.

.....................................................................................

.....................................................................................

.....................................................................................

.....................................................................................

Et tenez-vous-en à ces critères ! Pas plus, pas moins.

# Cerveaux multitâches ?
# Halte aux idées reçues

Les idées reçues sur le « multitâche » sont légion !
Et pourtant… prenons le temps de démêler
le vrai du faux.

## 1 Les femmes sont plus multitâches que les hommes.

**Faux !** C'est probablement l'idée reçue la plus répandue, et souvent la plus difficile à combattre. Si nous sommes capables d'en faire autant, chaque jour, de gérer autant d'informations et de tâches à la fois, c'est précisément parce que nous, les femmes, sommes mieux « outillées » dès la distribution des cartes, non ? La nature aurait donc bien fait les choses ? Bien pensé, et bien pratique ! En réalité, ne vous en déplaise, Mesdames, c'est désormais prouvé scientifiquement : le cerveau des femmes ne serait pas plus « multitâche » que celui des hommes.

## 2 Nos cerveaux sont multitâches.

**Faux !** Il est possible de faire plusieurs choses à la fois, mais à condition qu'une seule nécessite une attention soutenue (d'après Jean-Philippe Lachaux dans *Le cerveau attentif*, publié chez Odile Jacob en 2011). Les autres activités menées de front doivent être automatisées au point de ne plus demander d'attention, ou presque, comme conduire. Mais alors, peut-on « faire attention » à plusieurs choses à la fois ?

En réalité, l'expression « multitâche » désigne rarement la réalisation simultanée de plusieurs tâches, mais plutôt une forme de jonglage rapide.

## 3 Je suis plus efficace quand je fais plusieurs choses en même temps !

**Faux !** Synonyme d'efficacité pour la plupart, les comportements multitâches sont très valorisés dans la sphère professionnelle, car ils répondent a priori mieux aux diktats de l'urgence et de l'immédiateté. Pourtant, notre capacité à effectuer plusieurs choses en même temps ne nous rend pas plus efficace, au contraire.

Le multitasking (l'art de faire plusieurs choses en même temps) demande ainsi beaucoup plus d'efforts aux méninges que de traiter les tâches du quotidien les unes après les autres.

## ④ Le cerveau ne peut pas agir et réfléchir en même temps.

➧ **Vrai !** Nous sommes incapables d'agir et de réfléchir en même temps à autre chose, car des aires communes de notre cerveau sont mises en jeu. Pour des raisons assez simples de mécanique cérébrale, la réflexion demande un désengagement temporaire du monde extérieur, impossible dans un contexte de sollicitation permanente. C'est ce qui explique que vous ne puissiez pas répondre à un mail au sujet important, tout en répondant au téléphone pour traiter quelque chose de tout aussi important : c'est le « bug » assuré !

## ⑤ Quand mon cerveau est au repos, il ne travaille plus.

➧ **Faux !** Sans rien à faire, le cerveau est presque aussi actif, mais une série de régions « par défaut » s'activent à la place de celles liées à une tâche. On parle alors du « réseau du mode par défaut » (comme l'explique Éric Gaspar dans *Incroyable cerveau !*, paru chez Robert Laffont en 2017) ! C'est le nom que les neuroscientifiques ont donné à ces neurones qui traitent les instants « pilotage automatique (toutes ces tâches que l'on a automatisées et qui sont enregistrées dans notre mémoire procédurale) + rêvasserie ». L'activité de ce réseau cesse dès que vous vous concentrez sur l'exécution d'une tâche, mais se réactive quand vous rêvassez. Ainsi, même au repos, le cerveau travaille !

*Le multitasking est un mythe de l'efficacité, une illusion de l'esprit. Car le cerveau ne sait bien faire qu'une seule chose à la fois !*

## ⑥ Quand je prends une pause, je suis plus efficace.

➧ **Vrai !** Un esprit fatigué ne se concentre plus aussi bien, ralentit et a besoin de plus d'énergie pour avancer. Il doit faire davantage d'efforts pour accomplir des tâches de nature intellectuelle ou physique.
Prenez une pause de 5 à 10 minutes toutes les 90 minutes : c'est la durée idéale pour souffler et permettre à votre cerveau de s'oxygéner. Si vous le pouvez, profitez-en pour vous étirer comme un chat, quitter votre bureau et aller marcher un peu.

# De la responsabilité à la coresponsabilité !

L'entretien de la maison dans laquelle vous vivez tous et que vous contribuez donc tous à salir est l'affaire de chaque membre de la famille, non celui de la femme uniquement. Cette « affaire collective » doit être gérée de manière... collective ! Il en va de même pour les autres tâches domestiques.

## 1 Un peu de mathématiques... et de BON SENS !

Compte tenu de la charge de travail que représente l'entretien d'une maison, et plus globalement l'organisation logistique du foyer (les rendez-vous à caler, les plannings à faire coïncider, etc.), cette charge reposera à **100 % sur vos épaules** (et dans votre agenda) si vous êtes la seule à vous en occuper.

Elle sera divisée par 2 en cas de partage parfaitement équitable. Elle pourra même être divisée par 3, 4 ou 5 en fonction de l'**implication** de tous les membres de la famille. Logique, me direz-vous ? Oui, et pourtant, dans la vraie vie, cela ne se vérifie pas. Pourquoi ?

## 2 À qui la CAUSE ?

- **Une raison culturelle** : votre éducation et/ou celle de votre conjoint
- **De mauvaises habitudes ?** Vous les avez « mal habitués » au départ, votre conjoint dès le début de votre vie commune, et vos enfants au fil du temps. Si vous ne les avez jamais sollicités, ou très peu, ils seront logiquement plus « résistants » à mettre la main à la pâte aujourd'hui.
- **Un besoin de tout contrôler.** Allez, avouez-le, nous sommes entre nous, vous avez du mal à « déléguer » et à faire confiance à votre entourage, parce que vous savez qu'ils feront

### À MÉDITER !

Attention, je me garderai bien de tout jugement, car il se peut aussi que cela vous convienne parfaitement. Chacun a sa propre vision du monde, et aucune n'est meilleure que l'autre. Ce qui compte, c'est que cela soit un choix librement consenti, assumé ET dans lequel vous vous épanouissez.

« moins bien que vous » et que vous serez donc « obligée » de repasser derrière ! Résultat, selon vous : une perte de temps et d'énergie. « *Autant m'en charger, je gagnerai du temps !* », dit probablement à cet instant même votre petite voix intérieure.

## 3 En êtes-vous si SÛRE ?

Restent de vraies bonnes raisons qui ne vous permettront probablement pas de partager de manière significative la charge mentale de l'organisation de votre foyer :

- vous vivez seule, avec ou sans enfants ;
- votre conjoint exerce un métier qui l'oblige à longtemps s'absenter, vous êtes donc la seule responsable de l'organisation du foyer. Vous ne pourrez compter que sur vos enfants s'ils sont en âge de participer et, le cas échéant, sur votre entourage (famille, amis, etc.) ;
- votre conjoint travaille de nuit et vit en décalé ;
- vos enfants sont vraiment trop petits pour que leur participation fasse une différence notable dans votre organisation familiale.

➧ Dans ces quatre cas, il sera nécessaire de repenser votre quotidien pour qu'il soit le plus simple et le plus allégé possible et qu'il vous coûte, idéalement, le moins d'énergie possible. La priorité : veiller à **ne pas vous oublier** dans l'équation et **vous préserver** de l'épuisement.

### EXERCICE : « MAIS POURQUOI DONC ? »

Répondez le plus honnêtement possible à ces questions.

- Pourquoi votre conjoint (et vos enfants si vous en avez) ne participe(nt)-il(s) pas plus à la maison ? ..............................

..............................

- Comment l'expliquez-vous ? ..............................
- Pensez-vous avoir une part de responsabilité dans cet état de fait ? ......

Si oui, laquelle ? ..............................

..............................

# Je passe à l'action !

# Le tableau du « Qui fait quoi ? »

Pour commencer à rééquilibrer la charge de travail entre tous les membres de la famille, vous aurez besoin de savoir précisément qui fait quoi ! La première étape consiste à vous poser autour d'une table et remplir ensemble le tableau ci-dessous !

## Une colonne par MEMBRE DU FOYER

Dressez autant de colonnes que de personnes pouvant **participer activement** à l'organisation du foyer. Notez les tâches une à une, puis cochez la case de celui qui s'en charge régulièrement : vous, votre partenaire, les enfants ? Prenez votre temps et veillez à n'oublier aucune tâche, aucune responsabilité ! N'hésitez pas à reproduire ce tableau dans un document Word, Excel ou sur une feuille de papier.

### Liste des tâches

### L'ASTUCE DU COACH

Libre à vous, si vous souhaitez aller plus loin, d'ajouter à ce tableau une colonne pour noter la fréquence à laquelle vous effectuez chacune de ces tâches, et une autre pour en inscrire la durée.

## Une RÉPARTITION des tâches qui « saute aux yeux » !

Le but de cet exercice, fait seule, ou idéalement à deux, est de permettre à tous de prendre conscience de la **mauvaise répartition** de la charge de travail. Car si elle est inégale, voire très inégale, cela sautera aux yeux de tous ! Le tableau parlera de lui-même.

| Moi | ............ | ............ | ............ | ............ |
|---|---|---|---|---|
| ☐ | ☐ | ☐ | ☐ | ☐ |
| ☐ | ☐ | ☐ | ☐ | ☐ |
| ☐ | ☐ | ☐ | ☐ | ☐ |
| ☐ | ☐ | ☐ | ☐ | ☐ |
| ☐ | ☐ | ☐ | ☐ | ☐ |
| ☐ | ☐ | ☐ | ☐ | ☐ |
| ☐ | ☐ | ☐ | ☐ | ☐ |
| ☐ | ☐ | ☐ | ☐ | ☐ |
| ☐ | ☐ | ☐ | ☐ | ☐ |

# Je clarifie les attentes de chacun

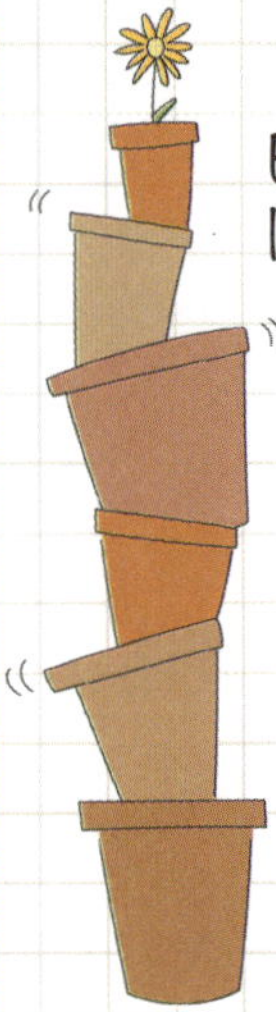

En matière de partage des tâches, y compris de partage de la charge mentale, la règle d'or consiste à clarifier vos attentes. N'attendez pas forcément de l'autre qu'il prenne des initiatives, et encore moins qu'il devine ce que vous attendez de lui car, contre toute attente, il ne pense pas exactement comme vous, et c'est en cela que vous êtes complémentaires.

## Je NE TOURNE PLUS autour du pot

Demandez **de façon claire et directe** à votre conjoint ce que vous attendez de lui en matière d'entretien de la maison et de partage des tâches. Vous éviterez ainsi de nombreux malentendus : vous souhaitiez qu'il fasse la vaisselle en rentrant, mais à votre retour, vous constatez qu'il n'a rien fait ? Intérieurement, vous ruminez et pestez : « *C'est toujours la même chose, il faut que je lui dise tout ! La vaisselle débordait de l'évier, c'était pourtant évident !* » Oui, c'est évident **pour vous**, mais **pas pour lui**. Peut-être qu'il avait par exemple prévu de le faire plus tard, de décompresser, avec raison, une demi-heure avant d'« attaquer ».

### LES HOMMES VIENNENT DE MARS ET LES FEMMES DE VÉNUS !

C'est certes un peu (voire très) caricatural et réducteur, mais il faut reconnaître qu'hommes et femmes ont une logique différente. L'accepter vous évitera moult déceptions et reproches !

## J'ose poser LE SUJET SUR LA TABLE

- **Ne restez pas avec vos non-dits et vos attentes insatisfaites.** Osez aborder le sujet en toute sérénité, avec des mots simples et, si possible, sans affect. L'état des lieux que vous avez dressé en page 12 pourra vous y aider. Il vous aura permis de mettre le doigt sur ce qui vous pèse et génère fatigue, stress, voire anxiété.

### L'ASTUCE DU COACH

J'ai pu constater, au fil de mes accompagnements, que certains hommes préfèrent se référer à une petite liste de tâches hebdomadaire ou quotidienne, à cocher au fur et à mesure. Les listes rassurent, car chacun visualise précisément ce qu'il a à faire, et peut la réaliser à son rythme, et surtout avec une « relative » autonomie.

- **Prenez rendez-vous avec lui** s'il le faut, à un moment où vous serez tous les deux totalement disponibles, sans enfants dans les parages et en écartant les distractions externes (télévision éteinte, smartphones en mode avion, notifications en sourdine, messageries éteintes, etc.). L'idéal : profitez de cette occasion pour organiser un moment à deux à l'extérieur, autour d'un café, d'un verre ou d'un déjeuner !

- **Exprimez sereinement et sans l'accabler** ce qui vous pèse au quotidien et les domaines dans lesquels vous souhaiteriez une implication plus importante de sa part. Si ceux-ci ne sont pas encore très clairs pour vous, demandez-lui sans détour dans quels domaines il pourrait vous soulager et s'impliquer davantage.

### LE BUT DE CET ÉCHANGE EST DOUBLE :

1. D'une part, qu'il prenne conscience de vos besoins. Il importe donc que vous puissiez les exprimer clairement, en utilisant le « Je » et sans agressivité.
2. D'autre part, qu'il puisse lui aussi exprimer ses propres besoins et clarifier ses attentes, car lui aussi a des attentes et des besoins, et ça, vous avez (avouez-le) tendance à l'oublier !

Les techniques de communication présentées aux pages suivantes pourront vous aider.

# Ma boîte à outils pour une communication réussie

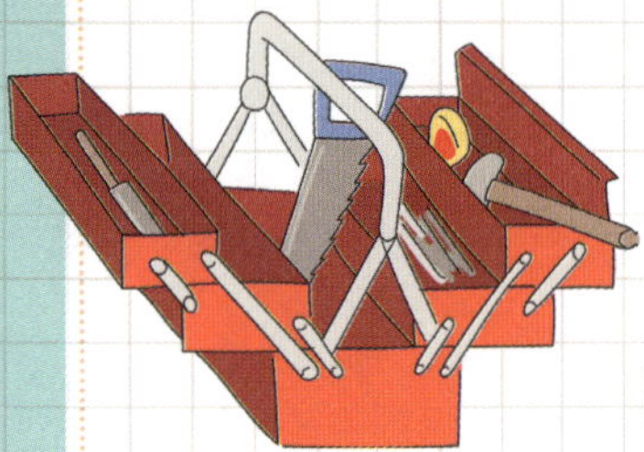

Parce que le sujet du partage des tâches peut être source de tensions dans le couple, voici deux outils à tester : la communication non violente (CNV)et la méthode RAIN. Elles vous aideront à mieux communiquer avec votre conjoint et, surtout, à mieux exprimer vos besoins.

## Quelques notions de COMMUNICATION NON VIOLENTE (CNV)

- La Communication non violente (CNV) a été créée par Marshall Rosenberg, Docteur en psychologie clinique et auteur de *Les mots sont des fenêtres ou bien ce sont des murs*, publié chez Syros.
- Sa théorie est simple : « Les jugements que nous portons sur les autres sont l'expression tragique de nos besoins non satisfaits. » En prenant le temps de les écouter et de les formuler, notre interlocuteur pourra identifier le message et y répondre à son tour.
- Marshall Rosenberg parle du « langage du cœur » et a mis au point 4 étapes baptisées : OSBD.

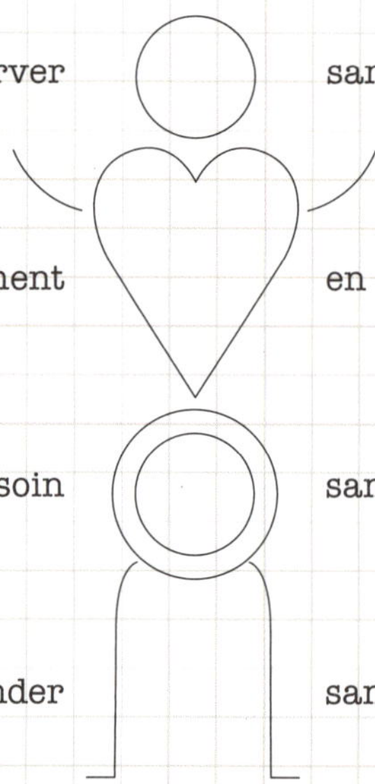

1. **O**bserver sans évaluer.
2. Dire son **s**entiment en disant « je ».
3. Exprimer son **b**esoin sans parler d'action.
4. **D**emander sans exiger.

## La méthode RAIN

Reconnaître la présence de l'émotion.
Accepter sa présence.
Investiguer (explorer) : comment c'est…
Ne pas s'identifier.

Complémentaire à la CNV et pratiquée idéalement en pleine conscience, la méthode RAIN, créée par la professeure de méditation Michelle McDonald, est une méthode d'investigation qui permet d'**explorer et d'accepter des émotions difficiles**.

C'est d'abord reconnaître sa responsabilité dans la situation, **sortir du rôle de victime** : notre perception de la situation, la façon dont nous sommes reliés à nos affects, ce que cela va toucher en nous. Tout cela nous place en tant qu'acteurs de la situation. En faisant le choix d'être présents à tout ce qui est là – sans se laisser porter par notre vision étroite de la situation –, nous devenons actifs.

**1.** RECONNAÎTRE. La première étape est de reconnaître, d'identifier ce que l'on éprouve. Il est impossible de faire face à une émotion si l'on ne commence pas par reconnaître son existence.

*Rester en contact avec une émotion difficile, sans l'analyser, contribue à la dissiper.*

**2.** ACCEPTER. La deuxième étape est l'acceptation. Nous avons tendance à résister à certaines émotions, voire à les nier, surtout si elles sont déplaisantes. Or, nous gérons mieux nos émotions en accueillant toutes celles qui se présentent.

**3.** INVESTIGUER (explorer). La troisième étape consiste à explorer l'émotion. Plutôt que de la fuir, nous restons en contact avec elle en l'observant avec un intérêt impartial. Pour cela, il est nécessaire de prendre du recul, pour ne pas se laisser emporter par nos réactions habituelles, mais aussi pour se détacher de la situation à la base de cette émotion. En acceptant d'explorer une situation négative sans pour autant s'y complaire, nous nous donnons les moyens de remplacer nos vieux réflexes réactionnels par une nouvelle approche. Cela n'a souvent rien à voir avec une solution quelconque ; parfois, il suffit de changer son rapport au problème pour que celui-ci disparaisse.

**4.** NE PAS S'IDENTIFIER (non-identification). En pleine conscience, on veille à ne pas s'identifier à l'émotion. La gêne ou la déception que vous éprouvez aujourd'hui ne vous résume pas, elle ne définit pas une fois pour toutes ce que vous êtes et ce que vous serez demain. Au lieu de confondre un état temporaire avec votre moi global, il est nécessaire de prendre acte que vos émotions surgissent, durent un moment, puis s'évanouissent.

### BON À SAVOIR

Une émotion dure de quelques secondes à quelques minutes au maximum. Plus d'une heure, cela devient une humeur.

# J'organise un conseil de famille

L'un des objectifs de ce carnet est de vous faire évoluer d'un fonctionnement individuel à un fonctionnement participatif. Chaque personne du foyer peut ainsi se sentir impliquée, concernée, engagée, respectée, non jugée et, de ce fait, écoutée.

## ➡ J'accepte de partager les responsabilités

Il vous faudra accepter – ce n'est pas toujours évident – de **lâcher du lest**, de **faire confiance** à vos «coéquipiers», et de partager les responsabilités. C'est à double tranchant et nous avons parfois du mal à perdre un peu de ce que nous pouvons considérer, à tort ou à raison, comme une forme de pouvoir.

## ➡ Je bascule en mode «participatif»

Quoi de mieux qu'une réunion, voire un **conseil de famille** pour instaurer un fonctionnement participatif? Celui-ci vous permettra, en douceur et si possible dans la bonne humeur, de **mettre à plat** votre organisation familiale, d'échanger sur les résultats de votre état des lieux et sur votre tableau du «Qui fait quoi?» (page 24).

## ➡ Je programme les conseils de famille suivants

Programmez dès la fin du conseil les dates des conseils suivants : hebdomadaires au début, puis plus espacés. Ils permettront de recadrer, ajuster et rectifier le tir, jusqu'à ce que les changements s'intègrent progressivement et sans effort à votre quotidien.

### L'ASTUCE DU COACH

Attention, résistez à la tentation de tout révolutionner du jour au lendemain : ce serait contre-productif et vous rencontreriez des résistances. Procédez par étapes. L'important, c'est de faire évoluer l'état d'esprit de la maison.

## ➡ Des outils collaboratifs !

C'est seulement après cette étape que vous pourrez décliner des **outils collaboratifs** qui vous permettront de créer un système cohérent : planning des tâches, calendrier familial, routines du matin et du soir, etc.

## J'ORGANISE MON 1ER CONSEIL DE FAMILLE

Ça y est, c'est décidé, vous organisez votre premier conseil. Bravo ! Mais attention, vous connaissez probablement cette célèbre citation de Louis Pasteur : « Le hasard ne favorise que les esprits préparés » ! Avant de vous lancer, prenez quelques instants pour répondre aux questions suivantes :

**1.** Quel est le meilleur moment pour l'organiser ?

**2.** Notez la date, puis reportez-la sans attendre sur votre agenda : ........

**3.** Que mettrez-vous à l'ordre du jour ?

**4.** Avez-vous réfléchi à une fréquence idéale pour organiser vos prochains conseils, une fois les trois premiers passés ?

# Je lâche du lest sur le ménage !

Les tâches ménagères, c'est LE sujet délicat par excellence, le point qui coince, qui chagrine. Sujet de discorde, objet de toutes les attentions quand il s'agit de mieux s'organiser à la maison, l'entretien est le point noir de tous ceux qui veulent reprendre la main sur leur organisation.

## RE-LA-TI-VI-SEZ !

Même si vous vous sentez débordée, placez toujours vos **besoins émotionnels,** ceux de votre couple ou de votre famille en **priorité.** La salle à manger est pleine de miettes et le plancher n'a rien d'immaculé ? Qu'à cela ne tienne ! Sortez en famille au restaurant ou allez pique-niquer. Vous oublierez la saleté pour un moment, tout en passant du bon temps tous ensemble.

## Remettez les tâches ménagères à leur JUSTE PLACE

- Évidemment, il faut bien s'y coller, on ne peut pas les ignorer, faire comme si elles n'existaient pas. C'est un peu comme la grosse poussière de la pub qui revient chez vous, valise à la main alors que vous pensiez vous en être débarrassée : les tâches ménagères finissent toujours par revenir !
- Et c'est bien là, le problème : malgré notre bonne volonté, nous avons le sentiment que nous n'en viendrons jamais à bout, car nous n'en avons jamais vraiment fini avec elles et devons bon an mal an recommencer les mêmes gestes jour après jour, semaine après semaine... **C'est décourageant** !
- Bien sûr, comme beaucoup d'autres, vous n'aimez pas vous y mettre et y passer des heures, ni le soir après une longue journée parce que vous êtes déjà lessivée, ni le week-end parce que vous avez envie de faire tout autre chose :

sortir, aller boire un verre, faire du shopping, vous balader, profiter des enfants, surfer sur Internet, lire un bon livre ou tout simplement vous reposer. Comme je vous comprends !

➡ Alors, évidemment, parce que c'est humain, vous **procrastinez.** Et parce que vous procrastinez, vous culpabilisez.

*La science l'a prouvé, le cerveau n'aime pas le désordre.*

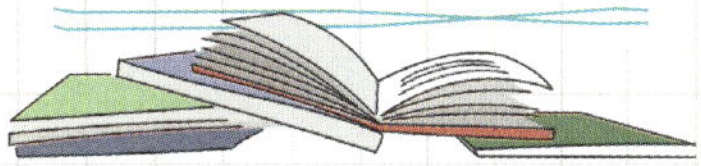

## Comment ne plus vous laisser DÉPASSER ?

Nous avons des choses **beaucoup plus passionnantes** à faire dans la vie que d'entretenir la maison et veiller à maintenir une organisation bien huilée ! En revanche, nous ne pouvons pas non plus négliger le ménage sous peine de le voir hanter notre esprit en nous culpabilisant et en créant en nous un « désordre intérieur ».

Une seule voie à adopter : **celle du juste milieu.** Voici 4 conseils de bon sens pour y parvenir :

### ➡ Conseil 1 : adieu, complexes !

- **Une maison qui vit** : acceptez une bonne fois pour toutes de faire votre deuil d'une maison toujours parfaitement rangée et étincelante de propreté, lâchez du lest !

**À MÉDITER !**

Le désordre est simplement une décision remise à plus tard.

### ➡ Conseil 2 : cherchez l'origine de votre désordre

- **Interrogez-vous** sur ce qui est à l'origine du désordre qui règne peut-être chez vous. Cela vous aidera à mettre le doigt sur les stratégies à déployer pour le canaliser.

### ➡ Conseil 3 : n'en faites pas plus qu'il n'en faut !

- En matière de ménage, point trop n'en faut. N'essayez plus de viser la **perfection** et revoyez une fois pour toutes vos exigences à la baisse si vous ne voulez pas passer votre vie à briquer.
- Déterminez en couple **vos propres standards** de rangement et de propreté dans la maison. Il vous appartiendra donc, à force d'échanges et, peut-être, de compromis (c'est ça aussi, la vie de couple !), d'harmoniser ces critères pour éviter toute tension à ce sujet. Et tenez-vous-en à ces critères ! Pas plus, pas moins.

## Pourquoi voulez-vous ranger ?

Prenez 2 minutes pour y réfléchir. Pourquoi voulez-vous (et parfois même vous obstinez-vous) à ce que votre chez vous, à titre d'exemple, soit rangé ?

## Vos réponses sont à peu près celles-ci, non ?

- ☐ Quand ce n'est pas rangé, vous vous sentez davantage stressée, débordée, voire dépassée (nous parlons donc ici d'un sentiment).
- ☐ Quand ce n'est pas rangé, l'ambiance est plus tendue, le désordre vous énerve, ou agace votre conjoint.
Vous vous sentez (très) loin de vos envies de sérénité.
- ☐ Quand ce n'est pas rangé, vous passez trois fois plus de temps à faire le ménage, ou, a contrario, vous n'en faites plus du tout, découragée par le bazar.
- ☐ Quand ce n'est pas rangé, vous passez des heures à chercher ce qu'il vous faut au moment où vous en avez le plus besoin (vous savez, le justificatif qui vous est demandé pour le lendemain, les fameuses clés – Ah, les clés ! –, etc.).
- ☐ Vous avez une tendance à l'accumulation d'objets, vous avez du mal à vous séparer d'objets dont vous n'avez plus l'utilité, à faire du tri ?
- ☐ Vous étiez jusqu'à maintenant seule à ranger et vous manquez tout simplement de temps et d'énergie (cela se comprend !).
- ☐ Vous avez, avec votre conjoint, une vision différente de ce que doit être le rangement chez vous.

## Conseil 4 : réunissez vos troupes !

Procédez par ordre :

**1. Établissez un planning de répartition des tâches**

Vous avez préalablement, seule, en couple ou en famille, construit et complété votre tableau du « Qui fait quoi ? » (page 24). En général, l'effet est immédiat, en particulier chez votre conjoint, qui réalise d'un seul coup d'œil l'ampleur de la tâche qui pèse sur vos épaules.

À partir de cette étape, il vous faudra franchir un échelon supplémentaire en construisant ensemble un planning de répartition des tâches, idéalement **hebdomadaire.**

### À MÉDITER !

« Un peu d'astuce et beaucoup de constance ! » Faites vôtre cette devise pour que le nettoyage de votre maison ne soit plus une corvée.

Ce planning devra inclure, sous forme de tableau, les tâches en question, les **jours** durant lesquels vous aurez décidé de vous en acquitter, et les **personnes** qui en auront la responsabilité.

Vous pourrez aussi y inclure la **durée** estimée de ces tâches (pour les cadrer dans le temps et donner un repère temporel à vos enfants).

**2. Complétez-vous dans les tâches.**

Identifiez durant votre conseil de famille ou au moment où vous discuterez du « Qui fait quoi ? » les tâches que chacun maîtrise, réalise relativement facilement et aime le plus.

**3. Un peu chaque jour !**

Réfléchissez, idéalement à deux ou en famille, et déterminez le temps que vous choisirez de consacrer au ménage chaque jour.

- Combien de temps pouvez-vous et décidez-vous de consacrer au ménage **chaque jour** de la semaine ?

.....................................

- Combien de temps pouvez-vous et décidez-vous de consacrer au ménage **durant le week-end** ?

.....................................

## Pour aller plus loin...

Vous pourriez même aller jusqu'à attribuer aux enfants **une responsabilité « transversale ».**

- Votre aînée, par exemple, pourrait devenir responsable du tri des déchets, de tout ce qui a trait à l'économie d'énergie (eau, gaspillage, etc.) et au développement durable, a fortiori si elle y a déjà été sensibilisée à l'école et que le sujet l'interpelle.
- Votre cadet, quant à lui, sera en charge de veiller à ce que le planning des tâches soit respecté (il adorera sûrement ce rôle de « contrôleur des travaux finis » !).

# Je simplifie le ménage !

Maintenant que vous êtes fermement décidée (n'est-ce pas ?) à lâcher du lest sur le ménage, passez de la théorie à la pratique en simplifiant tout ce qui pourra l'être : faites des listes et déterminez ensemble vos petits gestes du matin !

## Exercice 1 : faites des LISTES !

Les listes permettent de gagner du temps et d'éviter les oublis. Elles sont utiles pour vous **libérer** de ce que vous ne voulez pas garder inutilement en tête. Parce qu'elles font partie du quotidien comme les tâches domestiques, utilisez-les pour réfléchir à vos exigences en matière de propreté et d'entretien de la maison.

### LISTEZ...

- les tâches domestiques qui peuvent s'effectuer en moins de 5, 10 ou 15 minutes ;
- toutes les tâches pour lesquelles vous êtes (un peu) perfectionniste et sur laquelle vous pourriez lâcher du lest ;
- ce que vous coûtent vos exigences élevées liées à la propreté ;
- tout ce qui pourrait contribuer à rendre les tâches domestiques plus agréables ;
- des moments que vous pourriez délimiter pour faire des « Sprints de ménage ».

À quoi d'autre pensez-vous ?

..................................................

..................................................

..................................................

..................................................

# Exercice ② : instaurez des PETITS GESTES !

Déterminez avec précision les petits gestes qui donneront **un coup de frais** à votre maison, le matin et le soir, en inscrivant le prénom de celui ou celle qui en aura la charge.

Cela vous évitera de vous demander chaque matin ce que vous avez à faire. Ces petits gestes, très rapides, finiront par se transformer en habitudes, et donc en routines.

➡ *Par exemple :*

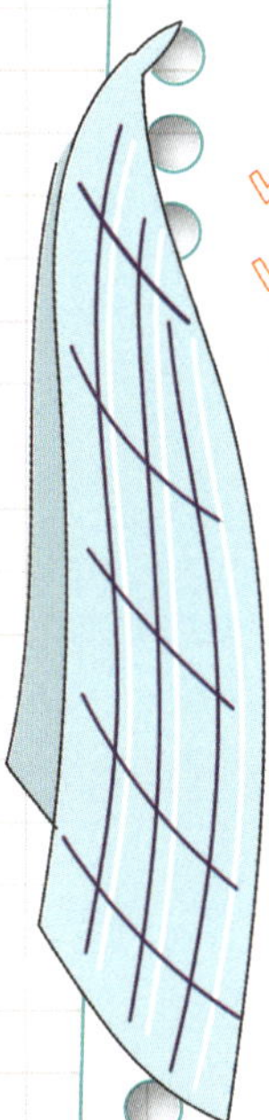

## NOS PETITS GESTES, LE MATIN AVANT DE PARTIR...

- ✓ Ouvrir les fenêtres 5 minutes dans chaque pièce ➡ *Tout le monde*
- ✓ Débarrasser et nettoyer la table du petit déjeuner ➡ *Moi*
- ✓ Remplir le lave-vaisselle/faire la petite vaisselle ➡ *Chéri*
- ✓ Faire le lit ➡ *Chéri*
- ✓ Programmer un cycle de linge ➡ *Moi*
- ✓ Descendre la poubelle ➡ *L'aînée*

Quels seraient les vôtres ? ..................................................

..........................................................................

..........................................................................

..........................................................................

## L'ASTUCE DU COACH

Lancez-vous des défis « ménage » pour limiter le temps passé à ranger ou à nettoyer tout en vous amusant un peu. Rien de tel pour motiver les troupes et libérer sa créativité ! Voici quelques pistes...

- ☐ Ranger 10 bricoles en un temps record.
- ☐ Programmer une minuterie et ne ranger que trois minutes par pièce.
- ☐ Tirer au hasard la pièce que vous nettoierez à fond aujourd'hui.
- ☐ Donner un coup de propre à la salle de bains le temps d'une chanson.

Complétez cette liste :

.........................................................................

.........................................................................

.........................................................................

.........................................................................

.........................................................................

.........................................................................

.........................................................................

.........................................................................

.........................................................................

# Je partage aussi la charge mentale de l'organisation

Nous l'avons déjà évoqué au début de ce cahier : même en cas de partage parfaitement équitable des tâches dans le couple, la femme reste dans la grande majorité des cas « l'ordinateur familial » ! C'est elle, le plus souvent, qui continue à porter toute la charge mentale de l'organisation logistique du foyer.

## Difficile, mais PAS IMPOSSIBLE !

Pour être tout à fait honnête, il n'est pas forcément facile de mieux répartir cette charge mentale, surtout si elle repose essentiellement sur vous depuis des années. Mais ce n'est pas parce que c'est difficile que c'est impossible ! Vous parviendrez à rééquilibrer cette charge mentale **en responsabilisant** davantage votre conjoint.

## Une action magique : le PARTAGE D'INFORMATIONS

Si vous avez pris l'habitude, par nécessité parfois, parce que vous n'aviez pas le choix, mais parfois aussi par facilité (« ça va plus vite si je le fais ! »), de **tout « prendre en charge »**, comme nous l'avons largement vu précédemment, il est fort possible que votre conjoint se soit progressivement, et avec plus ou moins de complaisance, **désengagé** de la responsabilité logistique du foyer. C'est entendu, les activités, les horaires, qui fait quoi, quand, quel jour, c'est vous qui gérez. L'administratif perso, c'est vous aussi. Les rendez-vous médicaux, le rappel de vaccins ? Vous. Vous. Vous. Il existe pourtant une action magique : le partage d'informations.

En travaillant dès à présent et résolument sur :

- le **partage d'informations** avec votre conjoint,
- la **confiance** que vous êtes prête à lui accorder

vous parviendrez peu à peu à mieux répartir la charge mentale de l'organisation logistique du foyer.

# Je prépare la semaine à venir

Vous aiderez votre conjoint à prendre sa place en l'intégrant le plus tôt possible dans la boucle de l'information. N'oubliez pas que vous aurez le même niveau de charge mentale lorsque vous partagerez le même niveau d'informations !

## Communiquez de façon FLUIDE

Réfléchissez dès à présent à tout ce qui pourrait vous permettre de mieux partager les informations :

- L'agenda ou le calendrier familial ?
- Une application mobile qui synchroniserait vos deux agendas ?
- Un classeur de la maison qui regroupe l'essentiel des informations en lien avec le foyer ?
- Une application mobile de gestion de tâches ?
- ...
- ...

Tout est bon à prendre, à condition :

➧ que vous ne soyez pas la seule à vous en occuper (ce qui reviendrait à devoir vous occuper d'une tâche de plus) ;

➧ que l'information puisse être accessible aux deux, à tout moment, et de façon indifférenciée.

C'est valable pour les identifiants et mots de passe qui vous permettent d'accéder aux comptes bancaires en ligne, mais également à tous les services (électricité, gaz, assurances, mutuelles, etc.), comme pour l'inscription des enfants à la cantine ou à l'étude, les rendez-vous médicaux, les contrats en cours, etc.

## L'ASTUCE DU COACH

Pour un bon suivi partagé des rendez-vous médicaux, créez un tableau Excel, accessible en version papier dans un classeur et/ou dans vos fichiers numériques partagés. Ce tableau recense les dates des derniers rendez-vous médicaux par spécialité et par membre de la famille, et vous informe des prochains rendez-vous à prévoir. Il suffira, dans un second temps, de programmer des alertes sur vos agendas respectifs !

## ÉCHANGEZ au maximum !

➧ Le mieux est tout simplement de prévoir un petit temps d'échange durant le week-end pour faire le point, ensemble, autour d'un bon petit thé/café, sur la semaine à venir. Une demi-heure peut largement suffire.

➧ Vous pourrez lors de ce « **point hebdo** » confronter vos agendas, regarder les échéances-clés, les rendez-vous programmés (notamment les rendez-vous familiaux), ceux qui seraient à prévoir et qui pourront être pris durant cette semaine. C'est le bon moment pour évoquer les déplacements professionnels à venir s'il y en a, de poser les questions d'organisation que cela soulèvera (parce que cela en soulève toujours, par expérience !), et pour pointer **vos « points de vigilance »** éventuels, qui nécessiteront votre attention à chacun et vous demanderont peut-être encore davantage d'anticipation.

➧ Ce sera enfin le moment idéal pour **vous répartir les responsabilités,** non plus en fonction de vos habitudes bien ancrées (« Je prends ça en charge parce que je l'ai toujours fait et que ça va plus vite si je le fais »), mais en fonction de vos disponibilités respectives, et pourquoi pas aussi en fonction de vos affinités.

Tout convient, à condition que cela soit fait en conscience, et dans une **confiance partagée.**

# J'autonomise et je responsabilise les enfants

Dans une version politiquement correcte, je vous dirais, avec tout le tact dont je sais faire preuve quand la situation l'exige : « Osez autonomiser et responsabiliser vos enfants, vous ne le regretterez pas… et eux non plus ! ». Dans une version moins polissée, je vous dirais volontiers : « Mettez-les au turbin, que diable ! »

## En route pour l'AUTONOMIE

Il me semble essentiel, pour ne pas dire impératif, que les enfants, à leur niveau, **participent eux aussi** à l'**effort collectif** et soient intégrés très tôt, le plus tôt possible, « dans la boucle » de l'organisation familiale !

En les impliquant dès leur plus jeune âge, vous favorisez leur **autonomie** future (aucun parent ne rêve d'avoir un Tanguy à la maison ne sachant rien faire de ses dix doigts) et contribuez à leur éducation.

D'une pierre, deux coups !

## Adieu, CULPABILITÉ

Beaucoup de parents que je rencontre culpabilisent de solliciter leurs enfants : *« Les pauvres, ils sont trop jeunes. Avec tout ce qu'ils ont à faire… Et puis, ce n'est pas leur boulot, ils n'ont rien demandé ! »* Pourtant, n'est-il pas de votre responsabilité de parents de les rendre les plus autonomes possible ?

## TOUT S'APPREND, évidemment

Autre idée reçue à combattre : *« Les enfants feront moins bien que moi ».*

Détrompez-vous ! **Ne sous-estimez pas** la capacité de votre enfant à s'acquitter d'une tâche correctement. Il vous suffit de prendre le temps de lui montrer comment s'y prendre, de lui expliquer précisément ce que vous attendez de lui, voire, pour les plus organisés, de lui concevoir un «pas à pas» simplifié qui fera office de mémo. Car les ados, ou pré-ados, comme les enfants d'ailleurs, ont besoin de **directives très claires.**

### ATTENTION !

Votre résolution doit tenir dans la durée ! Restez ferme et tenez bon, jusqu'à ce que cela devienne une habitude pour chacun.

## Transmission de VALEURS

- **Faire participer ses enfants** dans l'organisation du foyer peut assurément faire partie de l'éducation que l'on souhaite leur transmettre, au même titre que l'enseignement, le sport ou les activités extrascolaires.
- **Les impliquer dans l'effort collectif,** dès leur plus jeune âge, c'est aussi leur transmettre des valeurs de solidarité, d'égalité, de partage, de coopération, qu'il s'agisse assurément de filles comme de garçons.
- **Plus vous les solliciterez tôt,** avec des tâches adaptées à leur âge et à leurs possibilités, plus l'entretien collectif de la maison coulera de source pour chacun des membres de la famille.

### QUE FAIRE SI LES ENFANTS RÂLENT ?

Bien entendu, il vous faudra parfois être patiente avant qu'une nouvelle tâche soit acceptée par votre enfant. C'est votre persévérance (à tous les deux), et la régularité avec laquelle vous lui imposerez cette tâche, qui feront toute la différence.

N'hésitez pas à tester, ajuster, réajuster, jusqu'à trouver la bonne formule (celle qui convient à tous) et atteindre une relative fluidité dans l'exécution des tâches.

# Je simplifie mon quotidien avec des routines

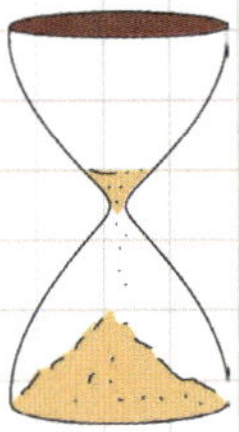

Selon la définition du *Larousse*, une routine est « une habitude mécanique, irréfléchie et qui résulte d'une succession d'actions répétées sans cesse ». Elle ne fait donc plus (ou presque plus) intervenir notre mental, seul l'inconscient agit. Et c'est tant mieux, car nous deviendrions littéralement fous si tout ce que nous faisions en une journée était effectué de façon consciente !

## Du bon usage des ROUTINES

Nous sommes fondamentalement **des êtres d'habitudes** et avons mis en place, dans notre vie d'adulte, une série de routines dont nous n'avons parfois pas conscience, en particulier le matin quand nous nous levons au radar ou encore au travail quand nous répétons les mêmes gestes à notre arrivée au bureau.

Les routines et les rituels **clarifient, simplifient et allègent** le quotidien. Ils évitent de se poser les mêmes questions chaque matin !

Les habitudes que nous adoptons peuvent être nos pires ennemies, quand elles nous figent dans l'inaction par exemple, comme nos meilleures alliées !

### L'ASTUCE DU COACH

Appuyons-nous sur la force des habitudes pour économiser notre énergie et raccourcir autant que possible le délai entre notre décision et notre passage à l'action.

## LIBÉRER du temps et de l'espace pour les belles choses

Attention, mettre en place des routines ne signifie pas qu'il faille tout planifier et orchestrer la journée en mode automatique. Au contraire, elles vous permettront de **libérer** du temps et de l'espace pour les belles choses.

*Soyez inventifs, en famille, et imaginez les rituels les plus doux, les plus agréables, les plus réconfortants pour vous et vos enfants !*

## BON À SAVOIR : IL FAUT 66 JOURS POUR METTRE EN PLACE UNE NOUVELLE HABITUDE !

Selon une étude en psychologie conduite par Philippa Lally pour *l'University College London* (étude de 96 personnes qui souhaitaient mettre en place une nouvelle habitude, comme courir 15 minutes par jour, manger un fruit au déjeuner, etc.), il semble que le chiffre magique pour mettre en place une nouvelle habitude soit 66, soit un peu plus de deux mois de répétitions quotidiennes.

« Manquer » une seule journée ne réduit pas à long terme les chances de développer une habitude. Ce sont **les répétitions** dans les débuts qui donnent le plus de résultats pour développer un nouvel automatisme.

L'apprentissage passe donc par la répétition !

Exploitez la **force des routines** à certains moments de la journée, et en particulier :

- le matin ;
- le soir.

➧ Mais vous pouvez aussi **être créatifs** pour :

- votre week-end ;
- votre dimanche soir (rien de mieux pour éviter le blues de la veille du lundi !) ;
- une soirée par semaine en particulier.

➧ Économisez votre cortex préfrontal en **automatisant**, au travail comme à la maison, tout ce qui pourra l'être.

➧ Créez-vous des petites **routines courtes** de 15 minutes ou plus, le matin avant de partir au travail ou le soir, pour alléger et simplifier vos journées.

## Les routines RASSURENT et donnent des REPÈRES aux enfants

Les enfants, a fortiori lorsqu'ils sont petits, n'aiment pas l'inattendu, l'imprévu, le changement. Ils vivent dans l'instant présent (merveilleuse compétence que nous avons tendance à perdre en grandissant), et le temps s'écoule pour eux plus lentement. Ils ont donc besoin de davantage de temps que nous. En particulier dans les gestes du quotidien, comme celui de s'habiller, de petit-déjeuner, etc.

# Je passe à l'action !

# Nos routines matinales

## L'ASTUCE DU COACH

Distinguez les types de routines : la vôtre et celle de chacun des membres de la famille !

Ne réinventez pas l'eau chaude chaque matin, mais prenez le temps d'établir une fois pour toutes vos routines matinales. Toute la famille sera bluffée par le temps et l'énergie économisés une fois celles-ci adoptées !

## La TO-DO LIST du matin !

Commencez par lister tout ce que vous « devez » a minima faire le matin avant d'aller au travail/à l'école et comptez à rebours, à partir de l'heure à laquelle vous devez franchir le seuil de la porte. Prévoyez **une marge de 10 minutes** à cette heure du départ pour voir large. Vous déterminerez ainsi l'heure à laquelle il vous faudra vous lever, vous et les enfants, pour que vos matins deviennent sereins.

### POUR UN MATIN ZEN ET SEREIN

Réfléchissez, seule ou en famille, à ces quelques questions :

**1.** Qu'imaginez-vous ? Que pourriez-vous dès aujourd'hui (enfin, dès demain matin) mettre en place pour vous rapprocher de cet idéal ?

..........................................................................................

**2.** Avez-vous gardé une marge pour les bisous et les câlins ? Pour vous souhaiter une belle journée ? Pour jeter un œil sur votre agenda et faire le point ? Pour votre sas de décompression (celui que vous choisirez de mettre en place) entre votre maison et votre travail ?

..........................................................................................

# Je décompresse en fin de journée

## Je me donne 15 à 30 MINUTES DE PAUSE

… pour un bénéfice réel et immédiatement mesurable sur mon niveau de stress et ma disponibilité !

- En franchissant le seuil de votre porte, prenez le temps de **reconnecter** avec le sentiment d'intimité que vous procure votre intérieur. Appréciez cet instant privilégié, que vous soyez seule ou avec vos enfants.
- Faites ce que vous avez à faire (poser les sacs, ranger les chaussures, vous laver les mains…) puis accordez-vous un vrai moment pour **décompresser**. Là, maintenant. Ce moment va vous permettre de relâcher la pression : prendre de temps de discuter, de faire un petit câlin à votre enfant.
- Posez-vous, simplement, et faites tranquillement, naturellement, **redescendre la tension** de la journée.

Il sera toujours temps, après cette pause bien méritée, de vous attaquer aux devoirs et au repas. Vous constaterez contre toute attente que la pression n'est plus aussi forte, voire qu'elle a complètement disparu. Vous vous sentirez **apaisée**. Vos enfants aussi, car vous aurez su vous rendre disponible pour eux.

## Je définis mes RITUELS DE FIN DE JOURNÉE

Ils permettront à votre cerveau de comprendre instantanément que votre journée est terminée et qu'il est temps de basculer sur un **rythme différent** : prendre une douche en rentrant, enfiler une tenue confortable, vous servir un verre de jus de fruits, mettre de la musique au lieu d'allumer la télévision, de jouer avec votre chat, etc.

À chacun ses rituels, à vous d'inventer les vôtres, ceux qui sauront vous donner le signal que l'heure est venue de décompresser et de vous **sentir bien chez vous** !

# Je profite du week-end pour ralentir

Savoir profiter de son week-end est un art subtil et délicat qui consiste à trouver le meilleur équilibre entre le temps de l'action, tissé de tâches plus ou moins contraintes (faire les courses hebdomadaires, entretenir la maison, le jardin pour certains, conduire les enfants à leurs activités...) et le temps du ressourcement, qui s'appuie à la fois sur le repos et sur ce qui va contribuer à recharger vos batteries.

## Des week-ends à 100 À L'HEURE !

- Le temps du **ressourcement,** pourtant nécessaire à votre récupération et à la bonne gestion de votre **énergie**, a tendance à s'amenuiser au profit du très gourmand temps de l'action.
- Comment pourrait-il en être autrement : vous espérez probablement, semaine après semaine, faire rentrer dans les deux jours du week-end tout ce que vous n'avez pas eu le temps de faire en semaine, au détriment de votre repos et de votre détente. Difficile, il faut bien l'avouer, de faire autrement certains week-ends, mais ne pourriez-vous pas, de temps en temps, vous organiser en amont pour **libérer** votre fin de semaine de sa longue liste d'obligations ?

## Un SLOW WEEK-END : sans montre !

- Désactivez les alarmes de la maison (y compris celles de votre smartphone!) et laissez-vous porter par votre **tempo intérieur**.
- Levez-vous **quand vous en avez envie**, mangez quand vous avez faim, retournez vous prélasser au lit pour lire, vous détendre ensemble autour d'un jeu de cartes ou simplement vous reposer.

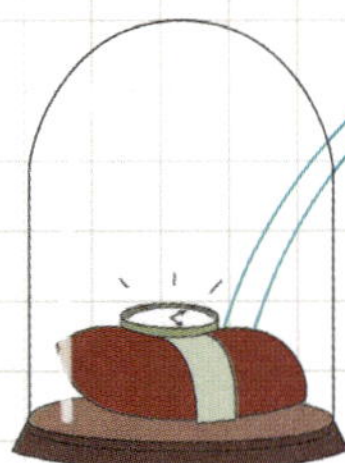

### À MÉDITER !

Et si cette semaine, vous ne faisiez tout simplement pas les courses alimentaires en vous contentant de ce que vous avez déjà en stock ?

Et si vous renonciez à cette nouvelle invitation pour vous cocooner en regardant, pourquoi pas, la dernière saison de votre série préférée ?

## QUEL EST LE RYTHME DE MES WEEK-ENDS ?

1. Vivez-vous vos week-ends à cent à l'heure ? ....................................

2. Avez-vous l'impression de ne pas suffisamment en profiter, ou encore que votre week-end se termine déjà alors qu'il vient à peine de commencer ?

3. Démarrez-vous votre semaine fatiguée d'avance, avec le sentiment de ne jamais véritablement vous reposer et d'enchaîner obligation sur obligation ?

..........................................................................................

Si la réponse est oui à l'une de ces questions, il est temps de réagir.

## Tout un PROGRAMME !

- Le meilleur moyen de profiter plus régulièrement de votre week-end est de définir en amont à quoi vous souhaitez (et non plus devez) le consacrer.
- Comme le reste de votre agenda, le week-end est ce que vous en faites. Il ne tient qu'à vous de mettre le temps sur pause quand vous en ressentez le besoin et de goûter aux joies simples d'un moment de détente, sans penser à la semaine écoulée ou à celle qui vient, sans aucun autre but que de se sentir bien. C'est le meilleur des programmes pour démarrer une nouvelle semaine avec une énergie renouvelée.
- Positionnez-vous, faites des choix audacieux, prenez des risques, sortez de vos habitudes bien rodées, testez une autre façon de le vivre et tirez-en les conséquences !

## À QUOI/À QUI AI-JE ENVIE DE CONSACRER MON WEEK-END ?

..........................................................................................

..........................................................................................

..........................................................................................

# J'adopte la stratégie du lâcher-prise

Le lâcher-prise, nous en avons tous entendu parler… Nous avons une vague idée de ce que c'est, nous pressentons qu'il s'agit là d'une piste plus que viable pour apprendre à mieux gérer le stress, mais nous mesurons également combien nous sommes loin, finalement, de l'expérimenter concrètement dans notre vie de tous les jours.

## Un ÉTAT D'ESPRIT qui s'apprend

- Le lâcher-prise n'est pas quelque chose qui se décrète du jour au lendemain, d'un coup de baguette magique, et encore moins un processus qui se force par notre seule **volonté.**
- Le lâcher-prise est avant tout une **attitude,** un état d'esprit qui s'apprend (il s'agit donc bien d'un apprentissage), qui **s'expérimente** progressivement et qui, in fine, s'apprivoise doucement…
- Au cours de ces pages,mon ambition est triple :

### VOUS APPRENDREZ…

- à cerner plus finement ce qu'est le lâcher-prise ;
- à vous convaincre, vous permettre d'intégrer qu'il s'agit là d'une véritable stratégie antistress ;
- à retenir quelques pistes pour commencer à l'apprivoiser…

## Le lâcher-prise : une vraie STRATÉGIE ANTISTRESS !

> **À MÉDITER !**
>
> « Donnez-moi la sérénité d'accepter toutes les choses que je ne peux changer, le courage de changer les choses que je peux, et la sagesse d'en connaître la différence. »
>
> *Prière de la Sérénité*

- Saviez-vous que la stratégie du lâcher-prise est reconnue par les plus grands spécialistes du stress comme l'une des deux stratégies les plus **efficaces** pour gérer son stress ?
- L'expression de lâcher-prise sous-entend l'idée d'**accepter** ce qui est et ce qui ne peut être changé.
- Elle consiste à accepter de **composer** avec une **réalité** impossible à changer. Cela ne signifie absolument pas qu'il faille être d'accord ; il s'agit plutôt de faire son deuil d'un idéal inatteignable. Il se produit alors une transformation intérieure et un arrêt des actions visant à changer ce qui ne peut plus l'être, ayant antérieurement fait ce qui était possible et réaliste.
La personne se sent sereine, libérée et **en paix.**

## CONCRÈTEMENT, on fait comment ?

- On se préserve des **sentiments négatifs** : sans en avoir toujours conscience, nous sommes à l'origine de nombreux sentiments négatifs générés par le fait de ne pas parvenir à changer ce sur quoi nous n'avons pas de contrôle : colère, frustration, aigreur, découragement, etc. Autant de poisons qui nous épuisent, sapent notre énergie psychique et finissent par nous gâcher la vie…
- Pouvons-nous, pour notre propre bien, nous préserver de ces sentiments négatifs que nous autogénérons face aux situations sur lesquelles nous n'avons pas prise ? La réponse est oui, évidemment, même si ce n'est pas toujours facile, que cela nous demande de **relativiser** ces mêmes situations et de prendre suffisamment de recul sur ces événements.
- En **se recentrant** sur ce qui compte vraiment, lâcher prise permet en bout de course de relativiser.

# JE PASSE À L'ACTION ! J'EXPÉRIMENTE LE LÂCHER-PRISE

## Les 4 secrets du lâcher-prise

1. Accepter sereinement de composer avec la réalité : soi, les autres, la situation.

2. Nourrir des exigences et des attentes réalistes, accepter les limites de son pouvoir et de ses capacités ainsi que celles des autres.

3. Se concentrer sur le positif, relativiser l'importance d'un problème et dédramatiser les conséquences.

4. Choisir ses batailles et cesser de vouloir modifier une situation sur laquelle on n'a pas de pouvoir.

## Exercice : je réfléchis à ma définition du lâcher-prise

Réfléchir autour du concept de lâcher-prise permet d'apprendre à différencier ce qu'il est de ce qu'il n'est pas. Les idées ou les images fausses figées dans l'inconscient bloquent l'avancée des situations de souffrance dans lequel vous vous trouvez peut-être.

1. Que veut dire pour vous « lâcher prise » ? Notez ici quelques idées-clés.

.......................................................................................

.......................................................................................

2. Êtes-vous déjà parvenue, par le passé, à expérimenter le lâcher-prise ? Dans quelles situations exactement et pour quel(s) bénéfice(s) ?

.......................................................................................

.......................................................................................

3. Aujourd'hui, quelles sont les situations qui génèrent en vous frustration, colère et autres sentiments négatifs, et vis-à-vis desquelles vous pourriez peut-être commencer à lâcher prise ? ..........................................

.......................................................................................

# Je fais le choix du calme intérieur

Être calme ne se décrète pas, mais résulte d'une quête personnelle. Choisir d'être calme, c'est renoncer à ce qui vous barre la route pour y accéder. C'est vous qui décidez...

## Le CALME INTÉRIEUR, quèsaco ?

- Saisir un moment de calme, c'est ressentir à un **instant précis** l'état de grâce dans lequel on se trouve. Ce n'est ni un souvenir ni une intention pour plus tard.
- Ces moments peuvent venir à nous, il n'est parfois pas nécessaire d'y travailler pour les provoquer. Ils peuvent s'imposer, lors d'une promenade en forêt, d'un moment de flânerie impromptu ou d'un simple instant de calme dans une maison qui s'endort.
- Mais il faut alors savoir les repérer, et pour cela, être en permanence **disponible**, à leur **écoute**. Même si le calme intérieur n'est pas un état qu'il est possible d'adopter de manière permanente pour le commun des mortels, nous pouvons tous nous efforcer d'être éveillés à identifier les moments de calme, et c'est déjà beaucoup sur le chemin du calme intérieur.
- Être **éveillé**, c'est cultiver le calme comme un état d'esprit général, une manière de vivre et non un exercice que l'on pratiquerait comme un sport.
- Il y a aussi les moments d'intense calme intérieur procurés par la **méditation**. Ils sont ponctuels, c'est un comportement de calme « dégradé », non pas au sens d'une qualité moins bonne, mais simplement d'une présence en arrière-plan plutôt qu'en objet de préoccupation principal. Elle est nécessaire, et surtout praticable au quotidien.

### À MÉDITER !

« S'arrêter quelques minutes, laisser filer un peu de temps (...), histoire de tenir le stress à distance et de reprendre la main. Tout cela n'est pas pour autant une "non-activité". Quand on n'est plus dans le "faire", on conçoit des espaces d'imagination. En bref, on est plus intelligent. »
Laurent Schmitt

# Je crée mes TEMPS CALMES

Comme les enfants à qui l'on propose des «temps calmes» lorsque nous les sentons agités, les adultes ont également besoin de s'aménager des moments de **retrait.**

Pourquoi créer des «temps calmes» pour faire le calme en soi? Simplement parce qu'il est plus facile de procéder ainsi pour commencer. Bien sûr, par la suite, il sera possible de faire le calme en soi malgré le brouhaha et l'urgence extérieurs. Mais les temps calmes permettent de mettre toutes les chances de notre côté, tout simplement.

Pour conquérir le calme intérieur, il est important de ne **jamais se laisser entraîner** par la fuite du temps. Il faut renverser notre rapport au tempset décider de ce que nous faisons, au moment où nous le faisons pour être pleinement dans l'instant présent. C'est la seule manière de vivre pleinement son existence sans frustrations, ni problèmes de disponibilité.

## CHOISIR D'ÊTRE CALME

**1.** Écrivez ici votre définition du calme. Quand vous pensez au calme, à quoi pensez-vous ?

..........................................................................

Quelles sont les images qui vous viennent spontanément à l'esprit ?

..........................................................................

À quels mots, à quels symboles l'associez-vous ?

..........................................................................

**2.** Arrêtez votre lecture, prenez une ou deux grandes inspirations, et faites la liste de tous ces faits et gestes, paroles et comportements qui sont, selon vous, incompatibles avec votre idée personnelle du calme.

..........................................................................

..........................................................................

..........................................................................

## Je m'accorde 5 MINUTES DE PAUSE !

5 minutes, c'est court et c'est long à la fois !

- Vous n'avez peut-être pas une heure à consacrer chaque jour à votre **équilibre** et à votre **bien-être**, mais vous pourrez probablement plus facilement leur consacrer 5 minutes, qu'il s'agisse des 5 minutes de **silence** que vous choisirez de vous accorder par jour, ou des 5 minutes que vous prendrez le matin pour faire un **câlin** à votre enfant ou à votre conjoint...
- Saviez-vous que vous disposiez dans votre boîte à outils personnelle de 288 tranches de 5 minutes dans une journée ?

## COMMENT faire ?

- S'aménager des **temps calmes** permet de **goûter la vie** comme on l'entend. Ce temps n'est pas forcément réservé à ne rien faire, mais à faire ce que nous aimons. Plus vous pratiquerez ces temps calmes, plus il vous sera facile d'atteindre le calme intérieur.
- Les temps calmes que vous aménagez pour vous-même se placent dans votre vie en fonction de ce que vous êtes : un oiseau de nuit, un lève-tôt ? Choisissez votre rendez-vous avec le calme en fonction de cela.

### JE CRÉE MES TEMPS CALMES

**1.** Avez-vous déjà aménagé des temps calmes réguliers dans votre quotidien ? Quels sont-ils ? Que vous apportent-ils ?

.................................................................................................

.................................................................................................

**2.** Si la réponse est non, quels sont les temps calmes que vous pourriez aménager aujourd'hui, au regard de votre emploi du temps et de vos envies ?

.................................................................................................

.................................................................................................

Bon voyage intérieur !

# Je laisse entrer la méditation dans ma vie

Parce qu'elle est la réponse la plus évidente à l'agitation du monde, la méditation dans sa forme laïque connaît ces dernières années un essor qui ne faiblit pas. Elle permet de s'extraire de la pression quotidienne, répond à une quête de sérénité, et ses bienfaits désormais scientifiquement reconnus lui permettent de se tracer un chemin, bien qu'encore timide, dans le monde du travail et les écoles. Arrêtons cette course folle et marquons une pause, prêtons attention à notre ressenti.

## Face à une situation BLOQUÉE...

- En période de stress, nous peinons à « **déconnecter** » lorsque nous rentrons à la maison le soir, le week-end et même, parfois, lorsque nous sommes en vacances : soit nous ruminons en boucle le passé, soit nous anticipons le futur proche ou lointain.
- Nous finissons même, parfois, par vivre tellement dans notre mental que nous nous sentons déconnecté de notre corps, comme littéralement « coupé en deux ».

## ... je pratique la MÉDITATION !

*S'asseoir pendant une minute, c'est déjà pratiquer la méditation.*

- La solution à ces maux est à notre portée. Elle consiste tout simplement à sortir du mental et à redescendre dans le corps, dans le ressenti.
- Laisser l'encombrant mental de côté et réinvestir enfin votre **corps** : bouger, sauter, courir, danser, vous masser ou vous faire masser, pratiquer une activité qui réconcilie le corps et l'esprit comme le yoga ou tout autre discipline corporelle, etc. Bref, vous sentir vivante. Maintenant.
- C'est aussi ce qu'offre la pratique de la méditation de **pleine conscience**.

## COMMENT faire ?

La pleine conscience consiste simplement à porter délibérément **votre attention** (sa conscience, donc) sur l'instant présent, ou sur un objet en particulier : il peut s'agir du souffle, d'une partie du corps, des sons, d'un point situé devant vous.

- Vous pouvez la pratiquer de différentes manières : la plus courante et la plus connue est la **position du lotus**, assis en tailleur, mais les Occidentaux, moins habitués à cette position, peuvent également s'asseoir sur une chaise, les mains posées sur les cuisses.
- On parle alors de **« pratique formelle »** : s'asseoir chaque jour, si possible à la même heure, pour un temps défini à l'avance, 20 ou 45 minutes, selon votre disponibilité.
- Mais saviez-vous qu'il existe également, et c'est probablement celle que je préfère, une pratique dite **« informelle »** de la pleine conscience ? Elle consiste à intégrer de la « conscience » dans nos actes du quotidien, y compris dans ceux les plus simples comme faire la vaisselle, marcher (on parle alors de « marche méditative »), se laver les dents, manger une pomme, etc.

## Intégrer la méditation de PLEINE CONSCIENCE dans sa vie

### BON À SAVOIR

La pratique de la méditation demande de la régularité, de la constance et de la détermination pour en ressentir les bienfaits.

- Le manque de temps est souvent invoqué pour justifier une absence ou un abandon de la pratique.
- Il devient en revanche facile d'intégrer durablement la méditation dans sa vie quand on s'autorise à la pratiquer sur des temps plus courts : s'asseoir pendant 5 minutes, au réveil ou avant de se coucher, ou encore une petite minute juste avant d'entrer en réunion ou de se rendre à un rendez-vous, dans une salle d'attente… 60 secondes durant lesquels vous choisissez sciemment d'**arrêter le temps** et de porter votre conscience sur votre ressenti ou sur le rythme de votre respiration…
- En la pratiquant souvent, dès que vous en avez l'occasion ou que vous en ressentez le besoin, et surtout sans culpabiliser de ne pas pouvoir y consacrer plus de temps, vous ne tarderez pas à éprouver vous aussi des **bénéfices concrets** sur votre quotidien.
- Vous vous sentirez **moins stressée**, plus calme, mieux centrée, avec un esprit plus clair, une conscience de vous et des autres aigüe et une plus grande ouverture sur le monde.

# Une histoire d'équilibre et de sens

Adepte de la voie du Kaizen (ou de la méthode des petits pas), je défends l'idée selon laquelle l'équilibre, par essence unique, se construit pas à pas, en posant une pierre après l'autre, au gré des tâtonnements, des déséquilibres maîtrisés et des apprentissages.

## Le JUSTE ÉQUILIBRE pour soi…

- Créer le juste équilibre pour soi est une quête personnelle qui englobe chacun des aspects de notre être et qui nous permet de nous sentir vivants, connectés, pleinement présents à ce que l'on vit et à ce que l'on ressent, à travers son corps, ses **émotions**, ses **sensations**, mais également à travers sa tête et son cœur.
- Au fil des ans, j'ai pu mesurer combien la question de l'équilibre était intrinsèquement liée à la **question du sens** : celui que l'on donne à notre temps, à nos intentions, aux choix que nous faisons, aux actes que nous posons.
- En réalité, l'un ne va pas sans l'autre et c'est précisément ce que j'entends par l'expression **« se sentir à sa juste place »** : ressentir au plus profond de soi que l'on est, en cet instant, là où on doit être, oser suivre la voie de son cœur et se faire confiance, toujours, et ce même si les choix que l'on fait s'éloignent de ce que les autres attendent de nous.

## COMMENT faire ?

Pour y parvenir, il importe de développer des qualités précieuses que sont la **force intérieure, la détermination** et le **courage d'être soi,** véritables sésames qui nous autorisent à vivre son authenticité dans la sérénité et la confiance. Cela implique d'apprendre à bien se connaître, d'identifier et d'accepter ses propres limites, mais aussi de retrouver son plein pouvoir : oser dire non, quitte à déplaire, renoncer à un engagement pourtant séduisant si celui-ci s'oppose à ses convictions, faire des choix en conscience, pour vivre une vie inspirée, plus cohérente, *alignée* avec nos aspirations.

Bref, une vie qui a du sens. Pour soi.

# 4 CONSEILS pour donner du sens à son quotidien

➧ Donner du sens à son quotidien, c'est avant tout se sentir connectée, vivante, pleinement présent à ce que l'on vit et à ce que l'on ressent, dans une douce harmonie entre le corps et l'esprit. C'est aussi se sentir à sa juste place, vivre une vie inspirée, plus cohérente, plus authentique et en phase avec ses valeurs.

➧ Ce sont deux ressentis complémentaires sur lesquels notre équilibre intérieur peut planter ses racines et se développer durablement, mais qui nécessitent, face aux défis du quotidien, notre attention consciente et bienveillante.

## L'ASTUCE DU COACH

Éteignez la télévision, coupez la radio, désactivez les notifications sonores de vos outils digitaux, mettez votre portable en silencieux (et non pas en mode vibreur). S'il n'est toujours pas possible de vous isoler chez vous (pour cause d'« enfants bruyants » par exemple !), essayez de pratiquer l'exercice au bureau, sur la pause déjeuner par exemple, en veillant à transférer votre ligne pendant la durée de l'exercice et à fermer votre porte.

## 1 Ralentissez.

Avez-vous remarqué que plus vous **ralentissez** le rythme, plus vous vous connectez facilement et spontanément avec ce qui vous fait du bien ?

À l'inverse, quand le tempo du quotidien s'accélère, vous vous coupez sans le vouloir avec tout ce qui pourrait, pourtant, vous **ressourcer** et **recharger** vos batteries.

C'est un cercle vicieux qu'il vous appartient de rompre en vous réalignant avec ce qui vous fait du bien dès que vous sentez, en cours d'année, que le pilote automatique a repris le dessus.

## 2 Accordez-vous 5 minutes de silence par jour

Il n'est pasici question de pleine conscience ni de méditation, mais simplement de trouver un petit moment chaque jour pour vous extraire de l'**agitation** du monde et **reposer** votre mental.

Regardez votre montre, programmez 5 minutes sur votre téléphone si cela vous rassure et ne faites plus rien pendant ce laps de temps. Ne cherchez pas à atteindre quoi que ce soit, mais simplement à apprécier, si possible, cet instant de **silence**. Et laissez faire.

## 3 Reconnectez-vous à vos besoins

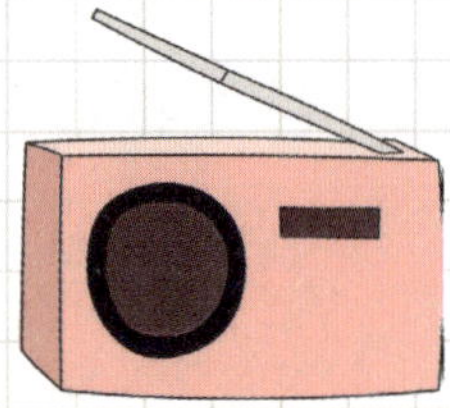

➧ Connaissez-vous vos besoins à l'instant précis où vous lisez ces lignes ?

- Avez-vous faim, soif ?
- Ressentez-vous de la fatigue ?
- Avez-vous envie de dormi, de vous allonger, de vous reposer ?
- Peut-être avez-vous besoin d'un peu de calme et de tranquillité, pour lire ce cahier, par exemple ?

➧ Arrêtez ce que vous faites et fermez les yeux pendant 5 minutes. Essayez durant ce court laps de temps de vous centrer sur vous-même et de porter votre attention sur votre ressenti.
**Concentrez-vous** uniquement sur vos besoins, ceux que vous ressentez maintenant, quels qu'ils soient. Puis posez-vous en conscience, les deux questions suivantes :

- De quoi avez-vous besoin pour vous sentir bien ?
- Qu'est-ce qui est nécessaire à votre équilibre ?

## 4 Identifiez vos boosters d'énergie et multipliez-les !

➧ Accordez-vous un temps de pause, prenez de quoi noter et faites la liste de tout ce qui dynamise et booste votre énergie !

➧ Notez tout ce qui vous vient à l'esprit, sans discrimination. Vous remarquerez très rapidement que ce sont les choses **très simples** de la vie, faisant partie du quotidien et à votre portée, qui vous ressourcent le plus.
Une fois identifiés, veillez à multiplier chaque jour vos « boosters d'énergie » et à les équilibrer entre :

➧ ceux qui vont parler directement à votre **corporalité** et vous faire du bien à travers votre **ressenti** par le biais des 5 sens. Par exemple, un simple mais si réconfortant bain de pied après une rude journée de travail, ou une bonne douche qui permet d'apaiser, au moins un peu, les tensions du corps ;

➧ ceux qui vont faciliter votre déconnexion, alléger votre charge mentale et vous aider à recharger vos batteries.

## MANIFESTE POUR UNE VIE PLUS DOUCE

**PAR CE MANIFESTE,**
JE CHOISIS
DÉLIBÉRÉMENT, CONSCIEMMENT,

DE RALENTIR ET DE RESPECTER MON RYTHME PERSONNEL.

CHAQUE FOIS QUE J'EN RESSENS LE BESOIN,
je me retire de l'agitation du monde et
trouve refuge dans la douceur du silence.
*alors, tout s'apaise et devient clair.*

J'AI ENFIN COMPRIS
QU'EN RESPECTANT MON TEMPS,
**JE ME RESPECTE MOI-MÊME.**

JE NE ME MALTRAITE PLUS ET JE PLACE
**MON ÉCOLOGIE PERSONNELLE**
AU ♥ DE MES PRIORITÉS.

OUI, LA DOUCEUR EST UN CHOIX
ET C'EST LE CHOIX QUE JE FAIS AUJOURD'HUI.

JE FAIS LE CHOIX D'UNE VIE PLUS **DOUCE**,
PLUS RESPECTUEUSE DE MES BESOINS ET DE MON RYTHME PERSONNEL

**DOUCEUR**, *chaleur*, **BIENVEILLANCE**

A TOUT INSTANT, JE ME DONNE LE DROIT, ET LE TEMPS,
**D'ACCUEILLIR MES ÉMOTIONS,**
MON RESSENTI, MES DOUTES AUSSI,
ET JE FAIS DE MES FRAGILITÉS MA NOUVELLE FORCE.

**SANS LUTTER. AVEC FLUIDITÉ ET CONFIANCE.**

**OUI,**
**JE M'INSTALLE AUJOURD'HUI**
*dans une confiance sereine et tranquille.*

**JE ME LAISSE GUIDER PAR CETTE VIE PLUS DOUCE QUE JE REVENDIQUE ET QUE JE SUIS PRÊTE À INCARNER PLEINEMENT DANS MON QUOTIDIEN.**

**EN FAISANT MIEN CE MANIFESTE POUR UNE VIE PLUS DOUCE,**
**J'OFFRE À MON ESPRIT, À MON CORPS ET À MON CŒUR**
**LA DOUCEUR QU'ILS MÉRITENT.**

IMAGINÉ ET CRÉÉ, AVEC ♥,
PAR DIANE (ZEN-ET-ORGANISEE.COM) & PAR MAY (VIE-DE-MIETTES.COM)

# Mes applis pour alléger ma charge mentale

Amies geek, vous les adorez ! Qu'elles vous permettent de mieux vous organiser ou de vous détendre, les applis sont conçues pour vous faciliter la vie. Mais attention, elles peuvent aussi vous rendre (encore plus) dépendantes aux outils qui clignotent, vibrent, notifient ! À utiliser avec modération...

**GOOGLE AGENDA** : l'incontournable !
Application gratuite accessible à partir d'un compte Gmail. Peut être combinée à l'application **TASKS** (le tout nouveau gestionnaire de tâches de Google) !
Gratuit – Disponible en version iOS et Android

**TIPSTUFF**: l'aidante !
Conçue pour aider les parents actifs à mieux concilier leur vie de parent et leur travail. Rassemble toutes les fonctions nécessaires pour organiser facilement la vie familiale.
Une version gratuite et une version Premium, sur abonnement (5,49 € par mois) – Disponible en version iOS et Android

**PISTACHE** : pour motiver vos enfants à faire leurs tâches quotidiennes !
Application ludique pour les responsabiliser ! Permet de créer des missions personnalisées selon les besoins de chaque famille.
Gratuit – Disponible en version iOS et Android

**WUNDERLIST** : la reine des listes !
Conçue pour alléger votre mental de tout ce qui l'encombre, souvenez-vous, le fameux « syndrome du post-it mental » ! Très simple d'utilisation et excellent aide-mémoire pour gérer et partager vos listes avec votre conjoint, vos enfants, vos amies ou encore vos collègues.
Gratuit – Disponible en version iOS et Android

**DO IT TOMORROW** : pour ne plus procrastiner... ou presque !
Idéal pour le procrastinateur qui sommeille (plus ou moins) en chacun de nous. Interface simple et intuitive, permettant de noter ses tâches quotidiennes... et de les reporter au lendemain !
3,49 € – Disponible en version iOS et Android

**REMEMBER THE MILK** :
le meilleur des « pense-bêtes » !

Application de tâches intelligentes « pour les gens occupés », avec système d'alerte par email, SMS ou messagerie instantanée pour vous rappeler vos échéances. Utile pour ne pas oublier la « deadline » d'envoi de votre déclaration d'impôts, de rappeler le médecin ou de recharger la carte cantine de votre dernière.

Gratuit (version pro sur abonnement – 39,99 € par an) – Disponible en version iOS et Android

## L'ASTUCE DU COACH

Les applis sont nombreuses, de qualité inégale, parfois complémentaires, parfois carrément redondantes.

Une ou deux applis bien utilisées, en complément de votre calendrier numérique par exemple, pourront vous faciliter la vie et contribuer à libérer de l'espace disponible sur ce formidable (et inégalable) disque dur qu'est votre cerveau !

**TRELLO** : l'outil collaboratif par excellence

Outil collaboratif de gestion de projets/tâches, l'un des meilleurs du genre, pour un usage professionnel et personnel. Idéal pour travailler sur un projet, répartir les tâches et faciliter le partage d'informations entre conjoints par exemple !

Gratuit - Disponible en version iOS et Android

**MÉDITER AVEC PETIT BAMBOU** : la pause méditation

Première application de méditation qui a déjà séduit plus de 2 millions d'utilisateurs en Europe, pour vous aider à déconnecter et à vous centrer sur l'instant présent ! Un premier pas en direction de la pleine conscience...

8 séances découvertes gratuites et catalogue complet (plus de 600 méditations guidées) sur abonnement (4,99 € par mois). Disponible en version iOS et Android

---

MAYDÉE *un projet d'appli pour mieux répartir les tâches domestiques dans le couple et faire avancer les inégalités femmes-hommes !*

*L'appli, en cours de développement par l'association Maydée, permettra d'enregistrer seule ou en couple les tâches (tâches domestiques et responsabilités familiales) que vous effectuez, et de prendre conscience de votre niveau d'investissement au sein du foyer.*

*Pour découvrir et soutenir le projet : www.maydee.fr*

---

# Dans la même collection !

Pour les éditions Larousse, le principe est d'utiliser des papiers composés de fibres naturelles, renouvelables, recyclables et fabriquées à partir de bois issus de forêts qui adoptent un système d'aménagement durable. En outre, les éditions Larousse attendent de leurs fournisseurs de papier qu'ils s'inscrivent dans une démarche de certification environnementale reconnue.

PAPIER À BASE DE FIBRES CERTIFIÉES

LAROUSSE s'engage pour l'environnement en réduisant l'empreinte carbone de ses livres. Celle de cet exemplaire est de :
400 g éq. $CO_2$
Rendez-vous sur www.larousse-durable.fr

Imprimé en Espagne par Macrolibros SL
Dépôt légal : mars 2019
322653/01 – 11039640 – février 2019